誰も語りたがらない

鉄道の裏面史

佐藤 充

彩図社

まえがき

近代日本の発展は、鉄道が誇る輝かしい歴史とともにある。新橋駅～横浜駅で初めて鉄道が開業すると、鉄道は文明開化の象徴になった。世界初の高速鉄道である東海道新幹線は、今では高度経済成長の象徴として語られる。今後、北海道新幹線や北陸新幹線のさらなる延伸などにより、鉄道が日本の国土を変えていく。東京～名古屋～大阪の大動脈には時速500キロのリニア中央新幹線が走るのだ。それがどのような形であれ、これからの日本の象徴になっていくに違いない。

このように、日本人としての自尊心がくすぐられるせいか、鉄道の話題は底抜けに明るい。テレビニュースで鉄道の話題が取り上げられると、女性アナウンサーの声が一段と高くなるほどだ。

しかし、その鉄道には濃い影がつきまとう。

東海道新幹線のトンネルの中には、戦時中、弾丸列車のために工事着手していたものがある。その当時、住民たちは用地買収に逆らえなかった。そして、その犠牲があればこそ、戦後の東海道新幹線は早期に開業したのだ。また、敗戦で行き場を失った日本の軍事技術は、新幹線の実現に大きな役割を果たす。さらに、「夢の超特急」である新幹線は土地絡みで大きな利権を生み、ある人物に莫大な金をもたらすことになった。

新幹線の利権を手にした人物は、大手私鉄の創業者で、軽井沢や箱根などのリゾート開発、ホテルの展開などで成功し、後に、後継者の息子は「世界一の富豪」と呼ばれることになる。彼は、日本を代表する経営者であると同時に、大物政治家にもなるが、一方で異常な性欲を持ち、大勢の異母兄弟を作ってしまう。富とともに、複雑な血縁を背負った子どもたちは、大きな経済事件により、その私鉄王国から追われることになる。

大きな利権を生んだ新幹線だが、その母体となった国鉄にこそ、暗い歴史はある。

終戦を迎えて、日本では輸送需要が増え続けたが、それを支えるべき鉄道は疲弊の極みにあった。さらに、戦争に負けた日本はGHQによる占領統治を受けて、多くの鉄道車両が接収された。また、アメリカの意向により、日本の財政を再建するべく、公共企業体としての国鉄が設立される。国鉄の設立目的は、9万5000人もの職員の首切りにあった。その初代総裁である下山定則は、謀殺なのか自殺なのか判明しないが、人員整理が始まると謎の死を遂げた。

GHQによる統治が終わっても、列車火災、連絡船の沈没、列車脱線事故など、大事故を起こすたびに国鉄総裁の首はすげ替えられた。一方で、労使紛争は悪化し、職場の秩序は失われる。勤務時間中の入浴は黙認されて、乗務実態がなくても旅費や夜勤手当が支給される「ヤミ手当」がはびこった。それどころか、許可なく組合専従になる「ヤミ専従」や、異動に従わず、仕事のない「ブラ勤」になった人にも国鉄は給料を払い続けた。荒廃した職場では、孤立した現場管理者が相次いで自殺し、乗客らの怒りは爆発して、首都圏の各駅では暴動まで起きた。そして、ついに経営が行き詰まり、多くの犠牲を払って分割民営化されたのである。

平成に入り、鉄道を取り巻く状況は大きく変わった。しかし、大きな鉄道事故や事件が相次いでいる。

ＪＲ西日本では、電車がカーブを曲がり切れずに脱線転覆を起こした。福知山線脱線事故である。

この事故を起こした運転士は、まだ若い青年だった。彼は、駅員時代に3分の遅刻をして以来、車掌になっても、運転士になっても、1年おきにミスを犯し続けた。しかし、真面目な一面があり、スポーツ好きで、仲間の多い明るい性格でもある。事故前の定期面談では、新幹線の運転士を目指したいと前向きな希望を述べていた。しかし、あの日は再び小さなミスを犯した。この小さなミスが大きなミスを招き、自分で考えた嘘によって、自分を追い込んでしまう。

　国鉄から切り離された小さな鉄道会社でも、歴史に残る大事故は起こった。このとき運行主任だった男は、上司に怒鳴られて、従ってはいけない危険な命令に逆らえず、大事故の引き金を引いてしまった。

　鉄道が舞台になった事件としては、狂信者によるテロ事件、地下鉄サリン事件が起きている。化学兵器を使った前代未聞のテロ事件だ。さらに、地下鉄サリン事件の後も、新宿駅に青酸ガス発生装置が仕掛けられた。

　事故や事件、利権に金、イデオロギーと権力。日本の鉄道史には、輝かしいだけでなく、脚光を浴びない影の歴史がある。この裏面史を無視した鉄道史など、底抜けに明るくても、本当の歴史を語っていない。

誰も語りたがらない鉄道の裏面史　目次

第2章 国鉄とJRの裏面史

第3章　金が動かした鉄道史

第1章　事件と事故の鉄道史

室戸台風により摂津富田駅付近で転覆した列車（1934年）

Episode: 01

【信楽高原鐵道列車衝突事故】

ローカル線で起こった正面衝突事故

信楽の地をご存じだろうか。滋賀県だが、滋賀県と聞いて琵琶湖を想像すると場所が分からなくなる。

信楽は、琵琶湖からは遠く離れた南方の山中にあり、行政区で言うと、旧信楽町である。現在は甲賀市で、山を越えて南に行けば三重県の伊賀市という立地だ。ちなみに、忍者の里として知られる甲賀や伊賀とは違い、信楽は陶芸の里である。信楽焼を知らない人でも、例の狸の焼き物を知らない人はいないだろう。

鉄道で信楽に行くには、東海道線（琵琶湖線）の草津駅が起点になる。草津は、新快速などを利用すれば京都駅から20分ほどの旧宿場町で、大阪や京都のベッドタウンでもある。

草津駅は草津線の起点でもあり、草津駅から20分以上揺られると、信楽の入り口である貴生川駅に着く。東海道線からは離れているが、東海道五十三次の街道が近く、古くから交

信楽駅。のどかな路線で悲劇は起こった（©PekePON）

通が盛んな地域だ。現在でも、貴生川駅は近江鉄道と信楽高原鐵道の起点であり、ローカルだが交通の要衝となっている。

草津線の沿線を含めて、ここまでは平らな土地である。しかし、信楽高原鐵道に乗りかえると、周りの景色も一変して山中になる。「信楽高原鐵道」とは言うが、高原のような広い土地があるわけではない。陶芸の里で、観光地としても地味なところだ。

こんな静かなところで、鉄道史に残る信楽高原鐵道事故が発生した。

福知山線脱線事故が起きたJR宝塚線とは異なり、信楽高原鐵道は利用者が少なく、本来は多数の死傷者が出るような事故は起こりえない。

しかし、1991年5月14日、列車同士の正面衝突事故が発生し、42名（信楽高原鐵道の乗員5名を含む）が死亡し、614名が重軽傷を負った。死傷者の数では、日本の鉄道史の中でも5番目に多い事故になる。

この路線はもともと国鉄信楽線だが、分割民営化の6年前（1981年）に、廃止対象路線になった。国鉄の重荷になっている赤字ローカル線として切り捨てられることになったのだ。地元では、「乗って残そう信楽線」を合言葉に、乗客数を増やして、いったんは基準をクリアしたのだが、喜んだのも束の間、民営化の直前に廃止基準が引き上げられて、住民の努力も及ばず廃止が決まった。

しかし、地元住民の存続要望は強く、滋賀県や信楽町（当時）が出資する第三セクター、信楽高原鐵道として再出発することになった。当初から経営環境の苦しい会社だったが、貴生川駅で接続する近江鉄道も出資した。

近江鉄道は、西武鉄道の子会社で、米原駅から貴生川駅までの長い鉄道路線を持ち、近江鉄道グループ全体で見ると、バス、タクシーの他、八幡山ロープウェーやびわ湖観光船などの観光関連事業もあり、事業規模は大きい。ここは西武グループの創業者である堤康次郎の地元で、彼を政治家として出世させる土台にもなった。

規模は大きいものの、近江鉄道の経営状況が良いわけではない。それでも信楽高原鐵道に出資したのは、信楽駅からＪＲ学研都市線（片町線）まで新線を作り、近江鉄道を大阪方面までつなげようという鉄道構想があるからだ。これを「びわこ京阪奈線（仮称）鉄道構想」と呼び、滋賀県や県下の自治体などは強く実現を望んでいる。

余談だが、東海道新幹線に「南びわ湖駅」を建設する計画があって、着工まで進んだが、反対派の嘉田由紀子が滋賀県知事に就任すると、この計画は凍結されてしまった。建設費が高額なため、投資効果よりも財政負担が重く、地元でも反対意見が強かったのだ。この政治判断で嘉田知事は全国的に知られることになり、後に「日本未来の党」を結成して小沢一郎とも合流した。そんな彼女が、「びわこ京阪奈線（仮称）鉄道建設期成同盟会」では知事として会長を務める。東海道新幹線の新駅よりも、びわこ京阪奈線の方が期待は大きいのだろう。実現すれば、近江鉄道の沿線は活性化し、当然ながら近江鉄道にとっても起死回生につながる。

信楽高原鐵道の社員は、これらの出資母体からそれぞれ集められて、国鉄、近江鉄道、自治体から来たメンバーの混成チームとなった。

厳しい経営環境なので、要員は絞り込まれて、常勤の職員は約20名である。実に、国鉄時代の半分ほどだ。鉄道の実務を担う「業務課」「施設課」に属するのはわずか14名で、社長は信楽町長が兼任した。

起死回生となる世界陶芸祭

びわこ京阪奈線の構想はあるものの、信楽高原鐵道は小さな鉄道会社である。路線距離は14・7㎞しかなく、単線を一編成の気動車が行ったり来たりするだけで、列車が行き違う設備もない。そもそも正面衝突することのない路線だった。

そんな小さな信楽高原鐵道は、会社発足から4年後、大量輸送を担うことになる。

１９９０年、滋賀県は「陶芸の森」という施設・公園を信楽に完成させて、信楽焼を大々的に発信するようになり、翌年には、そのお披露目として県と信楽町が中心となって「世界陶芸祭」を開催することになった。折しも博覧会ブームで、横浜博覧会（１９８９年）、花の万博（１９９０年）などが開催されていた頃だ。

世界陶芸祭の開催期間は１９９1年4月20日から5月26日の37日間だが、観客動員予測は約35万人で、そのうち約8万７５００人が鉄道を利用すると見込まれた。これは、信楽高原鐵道の輸送力を超えており、そのため設備を増強することが決められた。

輸送力増強の第一は、中間に信号場を新設し、列車を行き違えるようにすることだ。これには、線路工事だけでなく信号工事も必要で、鉄道の運行方法も大きく変わる。

それまでの信楽高原鐵道は、単線を一編成が走るだけなので、「票券閉そく方式」を採用していた。要は「通行手形」を持っている列車だけが本線を走るもので、途中には信号もなく、非常にシンプルな方式だった。

これを「特殊自動閉そく方式」に変えて、信号場には信号機を設置し、運転士は信号に従って運転するようになる。信号機は自動で切り替わるため、人を配置する必要はないが、信号設備への投資が必要だった。設備面だけではない。運転取扱心得などの社内の規程類も変更し、乗務員の教育、訓練も行わなければならない。少人数の信楽高原鐵道にとって、これは簡単な事ではなかった。

輸送力増強策の第二は、車両と乗務員の確保だ。信号場をつくって列車本数が倍増できるようになっても、信楽高原鐵道の保有車両は4両しかないし、運転士も5人しかいない。そのため、車両はJRからの直通列車でまかない、乗務員もJRから乗り入れさせることにした。直通列車は、休日が2往復、平日が1往復で、これでピーク時の車両と乗務員の不足をカバーする。

しかし、車両はともかく、JR西日本の乗務員を信楽高原鐵道に乗り入れさせるのは、一般に考えられるほど容易ではない。数年前まで国鉄信楽線だったが、すでに第三セクターになっている。信楽高原鐵道にとっては、別会社の社員を、新しい設備になった自社の路線で訓練し、自社の運転取扱心得で教育しないといけないのだ。他社の乗務員を乗り入れさせるのは大変で、通常は、責任範囲を明確にさせるためにも、車両は直通しても乗務員は交代させる。しかし、今回は一時的な対応であり、信楽高原鐵道の社員数を考えると仕方がなかった。

異例づくしの訓練や信号工事

この当時、鉄道事業のトップは中村裕昭業務課長である。彼は、国鉄でSLの機関士として働き、亀山運転区の助役として管理職にもなったが、国鉄民営化では、後輩たちに道を譲って信楽高原鐵道に転じた人物である。

前任の業務課長は近江鉄道出身者だったが、世界陶芸祭に向けてJR西日本との交渉が多くなるためか、国鉄出身の中村が業務課長に就任した。

世界陶芸祭が開催される半年前、彼はJR西日本の運輸部運用課を訪問し、同社の副課長と直通乗入れ（賃貸）をする乗務員の数と人選について打ち合わせをしている。そこで彼は、「SKR線（※筆者注：信楽高原鐵道信楽線のこと）はもともと国鉄線であり、JR西日本の京都電車区柘植派出所にSKR線の運転経験者がいる」（民事裁判の判決より）と指摘する。

彼が亀山運転区の助役だった頃、この柘植派出所は亀山運転区の柘植支区だったので、彼は乗務員の顔ぶれも知っていたはずだ。乗務員の人選はＪＲ西日本が決めることだが、実質的には中村業務課長が指名してきたのである。

この会議では、乗務員に対する列車操縦訓練についても話し合われた。そこで中村は、

「昔の経験者が柘植にいるので、線路見学だけしてもらえればよいのではないか」

と提案する。

これには当然ながらＪＲ西日本が反対した。既述のとおり、途中に信号場を新設し、運行方法も大きく変わる。線路見学だけで列車操縦訓練を終わらせるというのは通用しない。

協議の結果、１人３往復以上の操縦訓練を行うことにしたが、対象者が運転士８名、車掌８名もいることから、中村業務課長は、信楽高原鐵道が全員を教育することは困難だと申し入れる。そのため、信楽高原鐵道はＪＲ西日本の区長や助役に１日だけ机上教育して、あとはＪＲ西日本で教育することになった。信楽高原鐵道の人員が少ないのが理由ではあるが、自社路線での操縦訓練を他社に委ねる方法が採用されたのだ。

この事故が複雑なのは、乗務員の運用や指導方法が異例なだけでなく、信号工事も異例だったことにある。

第三セクターとして別会社になっても、貴生川駅の信号操作はＪＲ西日本の亀山ＣＴＣセ

ンターで遠隔操作していた。経営的には国鉄から切り離されたが、設備は密接不可分のままだったのだ。信号場新設に伴う信号工事でも、貴生川駅から小野谷信号場まではＪＲ西日本が施工し、小野谷信号場から信楽駅までを信楽高原鐵道が施工する形になり、わずか14・7km の路線を別々に工事することになった。

このような複雑な分担だが、両社の連携は極めて悪かった。

ＪＲ西日本の方は、上り列車を小野谷信号場に止めるための「方向優先てこ」を後から設置し、亀山ＣＴＣセンターで信楽高原鐵道の運行を制御できるような工事を行う。

信楽高原鐵道の路線であり、ここまでＪＲ西日本が介入するのは違和感があるが、ＪＲから信楽高原鐵道に入る下り直通列車が遅れた場合、信楽高原鐵道の上り列車を小野谷信号場で止めておかないと、下り直通列車が貴生川駅で足止めになって、ＪＲ草津線の線路を塞いでしまう。これでは、ダイヤ乱れがＪＲ草津線にまで波及してしまうため、ＪＲ西日本は自社の操作で信楽高原鐵道の列車を抑止させたかったようだ。この工事をＪＲ西日本が無断で行ったか、信楽高原鐵道の了承を得て行ったか、後の裁判で争われることになる。

信楽高原鐵道の方も、小野谷信号場の場内信号機の制御タイミングを変更した。場内信号機は赤信号から黄信号に変わるが、このタイミングが遅いと、上り勾配で列車が減速しなければならない。これには乗務員が反発したため、信号を変えるタイミングを早くするように変更工事を行った。

この2つの工事によって回路に矛盾が発生した。下り直通列車が遅れているときに亀山CTCセンターが早期に方向優先テコを扱うと、信楽駅の出発信号機が青信号にならなくなったのだ。これらの変更工事は、どちらも当局（近畿運輸局）には届けていないし、回路に矛盾が発生したことは誰も気づいていない。

従ってはいけない命令

信楽高原鐵道事故には明確な「予兆」がある。事故の11日前の5月3日、事故と同じ時刻、同じ列車で、事故の時と同じように、信楽駅の出発信号機が青にならなくなった。運行主任は別の人だが、JRからの直通列車は林運転士、信楽駅で指揮を執ったのは中村業務課長で、登場人物まで共通する。

この時刻は、事故のときと同じように、超満員のJR直通列車が信楽駅に向かっている。しかし、運行主任が制御盤を操作しても、出発信号機が赤信号のまま変わらない。このままでは超満員の列車が信楽駅に入れず、途中で立ち往生してしまう。

信楽駅の出発信号機を操作するのは運行主任の役目だが、運行主任は信楽駅長も兼務していた。駅長は、役職というよりは「勤務」の1つで、3名が持ち回りで担当する。この日の運行主任は、数日前に担当するようになったばかりで、いきなり大きなトラブルに直面したのである。

「信号が出ん」

慌てた運行主任は、切符を売っていた駅員の里西に助けを求めたが、里西は客が多くて彼の相手ができない（この里西孝三が事故のときの運行主任である）。運行主任は、中村業務課長に連絡するとともに、協力会社の信号技術者も探したが、信号技術者は見つからなかった。中村業務課長は、もはや信号の修理はできないと判断し、

「列車を出せ」

と、運行主任に対して強く言った。しかし、いくら経験の浅い運行主任でも、その指示には鉄道マンとして抗った。

「小野谷に人を送らなあかん」

信号が故障した場合には、「代用閉そく」で運行することになり、まずは無人の小野谷信号場に「駅長」を置かないといけない。それから信号の使用を停止させ、小野谷信号場と信楽駅の間に列車がいないこと（区間開通）を確認する。これらの手続きをしないで赤信号のまま列車を動かすことなど、暴挙であり、どのような理由があっても許されない。

「そんな人いらんやないか、誰が小野谷に行くのか！」

中村業務課長は、自分の指示に従わない運行主任を怒鳴りつけた。運行主任はそれ以上の抵抗はできず、間違っているとは知りつつも出発合図を出してしまう。

もしも、この日に事故が起きていれば、この日に列車に乗っていた人たちが被害者になり、有罪判決を受ける人も変わっただろう。信楽高原鐵道では、業務課長の安全意識が低く、いつ事故が起きてもおかしくなかった。5月3日の乗客は無事で、5月14日の乗客が被害者になったのは、偶然ではあるが理由がある。しかし、それは後で触れることにする。

中村業務課長の指示は危険で間違ったものだが、部下を怒鳴りつけてまで強要したのは、彼には列車の正面衝突事故は起こらないという自信があったからだ。

赤信号で列車を出発させてしまえば、誤出発防止装置が働き、小野谷信号場の下り出発信号機が赤信号になる。そして、下り列車は小野谷信号場で止まり、正面衝突事故も起こらないという理屈だ。もちろん、誤出発防止装置は安全装置であり、これを頼りに赤信号で列車を出すことは間違っている。

しかし、この日は中村業務課長の思惑通りになり、ＪＲからの直通列車は小野谷信号場で停止した。そこから代用閉そくでの運行になるのだが、それも本来の方法ではなく、杜撰なやり方だった。林運転士などのＪＲ西日本の社員も、信楽高原鐵道の危険な実態を目撃したが、抗議したり、改善を申し入れたりすることもなかった。中村業務課長は国鉄の先輩であり、遠慮があったかどうかは分からないが、彼らは危険な実態を見過ごしたのだ。このとき、信号故障の原因をしっかりと調査していれば、もしくは、ＪＲ西日本が信楽高原鐵道に代用閉そくの徹底を申し入れていたとしたら、11日後の大事故は起きなかったのである。

第二の人生を奪った大事故

信楽高原鐵道事故が発生したのは、１９９１年5月14日火曜日のことである。平日だが、京都駅9時25分発の直通列車は大変な混雑だった。

「(京都駅の時点で）朝のラッシュアワーを思わせる混雑ぶりで、その後の途中停車駅でも多数の乗客がどんどん乗り込んできた。乗客の中からもうこれ以上は乗れないという声が出るほど超満員であった」（信楽列車事故遺族会・弁護団『信楽列車事故』）

輸送力の増強は行ったが、世界陶芸祭は予想の倍近くの来場者で、交通機関は激しく混雑していた。平日の直通列車はこの1本しかなく、しかも3両編成である。

「世界陶芸祭しがらき号」は、貴生川駅の手前で乗車率が２５０％になっていた。年配の人も多いし、座れなかった人にとっては過酷だっただろう。京都駅から約1時間も揺られてようやく貴生川駅に到着し、2分遅れの10時19分に信楽高原鐵道に入った。この苦しい乗車も、あと20分余りだった。

信楽駅では、10時14分発の上り列車のため、信楽高原鐵道の全車両、4両すべてが連結された。余談だが、普段信楽高原鐵道で4両編成が実現することはなく、これを目当てに鉄道マニアが集まったほどだ。

連結作業が終わると、まもなく出発時刻である。しかし、運行主任が制御盤を操作しても、出発信号機が変わらなかった。11日前と同じである。

この日の運行主任は近江鉄道出身の里西孝三だった。信号故障が発生したと判断した里西は、上司の中村業務課長を呼んだ。中村は駅務室に入り、信号故障が発生していることを確認すると、協力会社の信号技術者を呼ぶように指示を出す。

ここまでは11日前と同じだが、前回と異なるのは、その信号技術者が見つかったことである。しかし、これが悪い方に運命を変える。

継電連動室に入った信号技術者は、出発信号機を青にしようと回路を変更し、その都度、里西運行主任が制御盤を操作した。

列車が運行されている最中に回路を変更すれば、信号が誤操作を起こす可能性もあり、その信号に従って列車が動き出すこともある。当然ながら､このような危険行為は許されない。しかし、それでも出発信号機は青にならなかった。無理やり回路を変えてみたが、そもそも工事で回路に矛盾が生じている。このときは、ただただ危険な行為を繰り返していただけだった。

里西運行主任は、列車の停止位置を確認したり、制御盤の表示灯を確認したり、自分なりに原因を探っていたが、そこに中村業務課長がやって来る。

「早よ出さんかい！　何をもたもたしとんのや！　代閉で行こう」

と怒鳴られてしまう。その気勢に動揺して、里西運行主任は手旗を持ってホーム先端に駆け出した。

刑事裁判の判決では、11日前の運行主任とは違い、里西運行主任は中村業務課長に抗うことすらできなかったと判定している。

ちなみに彼は、近江鉄道で24年間も運転士をやっていた人で、判決文の中でも「優柔不断な性格」と指摘されている。ともかく、人柄は温厚だったようだ。その性格では、ＳＬの機関士をやっていた気性の荒い中村業務課長には刃向えなかっただろう。仮に抗弁したとしても、これまでの中村業務課長の言動を見れば、激高されるだけで、聞き入れられなかったに違いない。

そんな里西運行主任は、手旗を持ってホーム先端に立つと、出発を待つ上り列車の運転士からも怒鳴られてしまう。

「早よ出せ！」

これには里西運行主任も、後で「やってられんわ」と愚痴をこぼす。上司の課長どころか、同僚の運転士にまで怒鳴られたのだ。

中村業務課長と運転士の思惑は、上り列車を赤信号で出発させることで、誤出発防止装置を作動させて、下りの直通列車を小野谷信号場で止めることだった。数日前と同じである。

しかし、このとき信号技術者は回路に手を加えている。里西運行主任は、中村業務課長と運転士の気勢に押されて出発合図を出したが、悪いことに、信号技術者の作業によって誤出発防止装置は作動しなかった。

中村業務課長は、上り列車に乗って信楽駅を出発した。小野谷信号場に着いたら、駅長役になって、代用閉そくで運行を継続させようと考えていたのだ。もちろん彼は、ＪＲからの下り直通列車が小野谷信号場で停車すると信じ込んでいる。

ＪＲからの下り直通列車は、貴生川駅を出発して信楽高原鐵道に入った。線路はＪＲ草津線と離れて大きく右に曲がり、山に向かってまっすぐ進む。山に入ると、高い木の間を縫うように走り、ぐんぐんと勾配を登っていく。超満員で勾配を登るのだから、強いエンジン音が山の中で響いたことだろう。

新設した小野谷信号場は、この長い勾配を登り切ったところにある。ダイヤでは、ここで上り列車と行き違うはずだが、そこには列車は止まっていなかった。

到着が遅れているのであれば、下りの出発信号機は赤になるはずだが、不思議なことに青信号である。信号機は、故障するとフェールセーフで赤信号になるはずで、青信号ということは、上り列車はまだ信楽駅を出発していないことを意味する。そう考えたＪＲ西日本の林運転士は、信号に従って小野谷信号場を通過した。

長い上り勾配が続いたが、ここからは下り勾配である。林運転士はノッチオフし、ブレーキを使いながら、直線とカーブが連続する区間を進んだ。線路の周りは高い樹木で囲まれて見通しが悪いが、この曲がりくねった区間を抜けると視界が開けて、紫香楽宮跡駅、雲井駅、勅旨駅、玉桂寺（ぎょっけいじ）前駅、信楽駅と駅が続く。信楽の里は、この最後の大きな左カーブの先にある。

何も知らずに走り続ける「世界陶芸祭しがらき号」。車内は超満員である。この列車は、見通しの悪い最後の大きな左カーブを進んでいたが、そこに突如として上りの４両編成が現

正面衝突し無残にひしゃげた車両（写真提供：共同通信）

れた。成す術もなく、両列車は正面衝突したのである。

直通列車の先頭車は信楽高原鐵道の車両に乗り上げて、前半分が空に向かって反り返った。車両が中央で折れ曲がり、中にいた乗客は折り重なって下敷きになる。

刑事裁判の判決を見ると、直通列車で死亡した人の死因には、窒息死、圧迫死、呼吸不全が並んでいる。福知山線脱線事故と同様に、息のできない苦しさの中、多くの人が命を落としてしまった。

死亡した乗客37名のうち、ＪＲからの直通電車の乗客が30名で、そのうち60代と70代が17名を占める。「これから夫婦水入らずで」（民事裁判の判決より）と考えていた人たちが、思いもよらぬ事故で命を落としたのである。

上り列車でも、1両目がJRの車両に押しつぶされて大破し、7名の乗客が亡くなった。その中には、祖父母に連れられた2歳の男の子もいる。この子は、祖父母が近江鉄道沿線の病院に行こうとすると、一緒に行きたいと泣きだし、この列車に乗り合わせてしまった。祖母は、「初めて孫を汽車に乗せるのだなあ」と、喜ぶ孫の姿を見て目を細めたが、その孫と夫を事故で亡くし、自身も大怪我を負ってしまった。病院で気がついた彼女には、孫と夫が亡くなったことは伏せられて、事故から1ヶ月後に事実が知らされたという。


事故後、里西運行主任は業務上過失致死傷の罪で刑事告訴されて、執行猶予付きだが2年6ヶ月の有罪判決を受けた。一方、中村業務課長や運転士は、37名の乗客とともに事故で命を落としている。加害者という立場だが、事故の慰霊碑には亡くなった乗客とともに彼らの名前も刻まれた。

業務課長に怒鳴られ、同僚に怒鳴られて出発合図を出した運行主任。同じ立場に立たされたとき、どれほどの人が正しい行動ができるだろうか。輸送能力を超える乗客が押し寄せ、乗客や社員から怒鳴られても、従ってはいけない命令に逆らえるか。

しかし、そのような状況でも、安全を最優先して列車を止めるのが、すべての鉄道マンに課せられた重い責務である。

あの瞬間、事故を防ぐ最後の砦になったのは運行主任だった。刑事裁判では、信楽高原鐵道やJR西日本の「危機管理体制の杜撰さ」や、中村業務課長の存在にも触れており、すべての責任を運行主任らに帰せしめるのは相当ではないと指摘しているが、運行主任の過失は「悪質かつ重大というべき」と断じた。こうして里西運行主任は、現場にいた施設課長、協力会社の信号技術者とともに有罪判決を受けたのである。

Episode: 02

【石勝線列車脱線事故】

トンネル内で起こった列車火災

ＪＲ北海道の特急車両２８３系は、前面がコバルトブルーで、丸みを帯びた形状をしている。気動車だが、国鉄の車両とは印象が違って、新しさと速さを感じるデザインである。最高速度１３０キロで、さらに振り子車両なのでカーブも高速で通過できる。

１９９７年、２８３系は「スーパーおおぞら」として札幌駅～釧路駅間に投入された。これにより、札幌駅～釧路駅の所要時間は約4時間30分から約3時間30分に大幅に短縮する。経営環境の厳しいＪＲ北海道だが、都市間輸送を大幅に改善させて、当時は誰もが称賛の声を浴びせたものである。

しかし、２０１１年5月27日、その信頼を失墜させる大事故が起きた。「スーパーおおぞら」がトンネルの中で全焼したのだ。

事故から2日後、自律走行できなくなった「スーパーおおぞら」は、機関車に牽引されて

斬新なデザインで人気を集めるスーパーおおぞら（© 欅）

トンネルから引き出された。鉄道関係者ならば、誰もが息を飲んだに違いない。6両編成の特急列車は黒焦げになり、美しいコバルトブルーの前面も、ステンレスの車体も、火葬されたかのように骨組みがむき出しになったのだ。

事故当日、釧路駅発札幌駅行の「スーパーおおぞら14号」は、トマム駅を定刻（21時36分）より約2分遅れて発車し、次の占冠（しむかっぷ）駅を通過し、その次の清風山信号場も通過した。

いつも通りに走行しているように思われたが、清風山信号場の手前から異常は始まっていた。しかし、このときは誰も異常に気づかない。

列車に付けられている機器というのは、振

動でも脱落しないように万全の対策がなされている。典型的なのは、ボルトとナットを固く締結した後、そのナットが緩まないようにヘアピンのような「割りピン」を使う方法だ。

この事故列車では、4両目の床下機器にある「割りピン」が走行中に脱落した。車輪の状態が悪いために車両の振動は大きかったとみられるが、本来は簡単に外れるものではない。いずれにしても、この時点では誰も異常には気づけない。

「割りピン」がなくなると、振動によってボルトが緩んで、ついにボルトは外れてしまった。こうなると大変で、減速機という大型の装置が固定されなくなり、各部品が落下を始める。

列車から機器が落ちるというのは、絶対に起こしてはならない事故である。機器が落下すると、恐ろしい危険が2つあり、1つは、線路のそばにいる人に衝突して死傷させることで、もう1つは、落下したものが車両に当たり、車両自体が破損することだ。このときは、その後者が現実のものとなった。落下した部品が車両に衝突して、一部の台車は脱線して、6両目の燃料タンクが破損してしまったのだ。

ここまで被害が広がると、車内にも異常が伝わる。4号車にいた車掌は「ドーン」と突き上げられるような衝撃を受けて、事故が起きたことを知った。垂れ下がった減速機が枕木などに当たり、車体に大きな衝撃が伝わったのである。

車掌は運転士に連絡して、この列車を止めさせた。運転士は26歳で若いが、車掌は60歳のベテランである。しかし、列車が停止した場所が悪かった。清風山信号場の先にあるトンネルの中だった。

最後尾の6号車では、燃料タンクが破損して軽油が流れ出した。電車では起こりえない、気動車ならではの事態である。さらに、その軽油が何らかの原因で引火して、その火が枕木に燃え移り、たちまち大規模な火災が発生した。6号車にいた乗客は、左右の窓から火柱が上がるのを目撃する。トンネルの中で火災発生。非常に危険な事故になってしまった。

また、ここはトンネル内の上り坂だった。火は高い方に燃え広がるし、このときは風が前方に向かって吹いている。列車が火に包まれる危険が迫った。そして、火は6号車の車内にまで燃え移り、徐々に前の方の車両に広がった。6号車の乗客は危険を察知して前方に逃げていたが、いよいよ乗客の安全も危うくなる。

トンネル火災の恐怖

トンネル内での列車火災は恐ろしい。国鉄時代の1972年、北陸トンネルで急行列車が火事を起こし、避難が遅れて30名が亡くなっている。それ以来、トンネルで列車火災が発生したときは、直ちに停車させずに、トンネルを抜け出てから停車するように規則が変わった。

火元とみられる６両目のエンジン周辺
（写真提供：共同通信）

これは、運転に関わる者ならば誰もが知っていることである。

このときの指令員も、列車火災が発生していることを知り、トンネルの外へ移動するように運転士に指示したが、運転士が列車を起動させようとしても、もはや起動しなかった。走行不能になってしまったのだ。

22時過ぎの夜、真っ暗なトンネルの中で、運転室のモニターには様々な異常が表示された。そのうえ列車は起動せず、トンネルの中は煙が充満し始める。不安な状況だが、この列車の乗客の中には7名のＪＲ北海道の社員がいた。

列車は長時間止まったままになり、車内にも煙が充満する。さらに、エンジンが停止して電気も消えた。

いよいよ危機を感じた乗客は、一部は勝手に降車して避難を始めた。その後、運転士や車掌、客室乗務員、乗り合わせた社員が協力して、残りの乗客を避難させた。煙が充満するトンネル内で、命の危険を感じながらも、乗客はトンネルの外へと逃げたのである。

不幸中の幸いだったのは、列車がトンネルの入り口付近で停車して、車両の最後部からトンネルの入り口まで約73メートルと近かったことだ。もし、列車がトンネルの中央付近で停車していたら、北陸トンネルの事故のように大勢の死者が出たかもしれない。乗客と乗務員は、死の恐怖を味わったものの、幸いにも死者を出すことなく危機を脱した。

ＪＲ北海道の社長の行方

事故の原因は何だったのか。

これだけの大惨事だったが、運輸安全委員会の調査でも原因は完全に解明されなかった。車輪の状態が悪く、それによる振動が直接の原因と推定されたが、事故の発端となった脱落した「割りピン」は見つからなかった。また、軽油が流れ出たのは明らかだが、そこから引火に至った経緯が判明しない。

それでもＪＲ北海道には、乗客を命の危険にさらし、死の恐怖を味わわせた責任がある。特に社長である中島尚俊氏は、その責任を強く感じたに違いない。

その後、JR北海道では数々の問題が明らかになる。まず、事故の際に乗客の避難誘導が遅れたことが問題になり、車両整備でも、管理不備や検査の一部未実施が明らかになった。事故後も、6月8日には居眠り運転、それ以降も信号トラブルが立て続けに起きた。トップの思いとは裏腹に、事故や不祥事というのは不思議と立て続けに起きるものである。

JR北海道は、発足時には社員が1万3000人近くいたが、現在では7000人程度だ。下山事件のときのような大量首切りではないが、徐々に、しかし数の上では劇的な人員削減が起きている。そして、イデオロギーの時代ではないが、依然としてJRには複数の労働組合があり、JR北海道の労使関係も複雑である。さらに、三六協定違反（労働問題の1つ）が明らかになり、経営側は余計に立場が厳しくなった。

これらの事態を受けて、国土交通省は「社内の安全管理体制を徹底的に見直し、必要とされる措置を早急に講じること」など、「安全輸送の確保に関する事業改善命令」を中島社長あてに発出した。中島社長も、会社の風土に問題があると考えて、改善に乗り出したのである。

しかし、事故から数ヶ月後が経ち、報告書を国土交通省に提出する直前、中島社長は忽然と姿を消した。このことは大々的に報道されて、下山事件を彷彿とするような、信じられないニュースとなった。

その数日後、中島社長は水死体となって小樽市沖の海上で発見された。ただし、下山総裁と違って、謀殺の可能性はない。遺書が残されていたのである。

「現在、5月27日の脱線火災事故を反省し、全社をあげて企業風土の改善などに取り組んでいる時に、真っ先に戦線を離脱することをお詫びします」

それからのJR北海道は、信用を回復させるどころではなかった。2013年に貨物列車が脱線したが、レールの異常が放置され、検査データが改ざんされていたことが明らかになった。翌年には、元社長で相談役だった坂本真一氏が遺体となって余市港に浮かんだ。遺書はなかったが、警察は自殺と断定した。

危機に直面した巨大組織。それを背負ったトップは、耐えがたいほど苦しく、孤独なのかもしれない。

Episode: 03

【上尾事件と首都圏国電暴動事件】

現代では考えられない乗客の暴動

１９６４年に開業した東海道新幹線の利用者は予想以上に多く、大成功を収めた。その延伸により、約10年かけて山陽新幹線も開業する。

ただ、国鉄が国民から称賛されたかというと、そうでもない。国鉄の労使関係は悪化して、利用者を無視した労使紛争が繰り返された。また、団地が郊外に広がるとともに、通勤列車の混雑はひどくなり、国民の不満は鬱積する。そして、山陽新幹線が全線開業する２年前の１９７３年3月13日、ついに怒りが爆発するのである。

これから、舟越健之輔の『箱族の街』、当時の新聞、交通新聞などから、乗客が起こした暴動事件、上尾事件を再現する。

朝7時過ぎ、高崎線上尾駅のホームに、12両編成の上野駅行（８３２Ｍ）が遅れて到着した。しかし、この電車は1つ前の桶川駅で超満員になり、もはや上尾駅からでは乗り込めない。それでも乗客は必死である。

ホームにいた大勢の客は、何としてでも電車に乗ろうと頑張るが、乗客が多すぎてドアが閉まらなかった。混雑率は400％近くになり、すでに限界を超えていたのだ。駅長やホームにいた駅員は、奥に詰めるように声を掛けたが、超満員の乗客は微動だにしない。ホームから押し込んでも入らなかった。

そもそも、この電車には乗降できるドアが1両あたり2箇所しかない。上野駅に着くと、折り返しの急行「妙高2号」直江津駅行になるため、通勤列車だが急行型車両（169系）が使われていた。通勤客にとっては迷惑なことである。

こうして、電車が発車できないまま時間が過ぎ、当然ながら駅長の荒巻佑吉は焦り始める。彼は、乗客を押し込むことを諦めて、今度は引きはがすことにした。ドアに挟まっている人に対して「降りていただけませんか」と頼んだのだ。

しかし、これには乗客たちが激怒した。

「毎日、毎日、こんなことをやって、どう思っているんだ。いいかげんにしろ」

「なんとか言ったらどうだ」

激高した乗客は、駅長を取り囲み、罵声を浴びせかけた。ホームにいた別の駅員も、乗客に小突かれて屈んでしまう。暴力は徐々にエスカレートして、駅長も小突かれ始めた。

上尾駅を利用する乗客は、毎日毎日、不満を鬱積させながらも耐えていた。沿線人口は急増していくが、それに対してインフラが追い付かない。国鉄の混雑も悪化していた。そのうえ、高崎線は上信越からの急行・特急列車が多く、優等列車が優先的に走る。

しかし、それ以上に問題なのは、国鉄の労使問題の泥沼化だった。国鉄ではストライキが禁止されており（それでもストライキが頻発するが）、「順法闘争」という戦術が使われていた。しかし、これが乗客を苦しめた。

順法闘争というのは、踏切の前で一旦停止するなど、極度に安全に配慮する運転を行って、結果としてダイヤを大幅に乱す戦術である。自動列車停止装置（ATS）になぞらえて、ATS順法などとも呼ばれた。

労働組合にしてみれば、違法なストライキに比べると解雇などの処分が少なく、その意味でも安全だった。しかし、利用者にしてみれば、列車が運行されているので会社や学校を休むわけにはいかない。異常な混雑でも列車に乗るしかなかったのだ。ただでさえ輸送力が追い付かないのに、さらなる苦痛を強いられたのである。

この日は、国鉄の労働組合の1つである、国鉄動力車労働組合（動労）が順法闘争に突入していた。上尾駅に到着した電車が超満員だったのは、その前の4本が順法闘争で運休になっ

闘争スローガンが書かれた京浜東北線の車両（写真提供：共同通信）

ていたからだ。

列車には「保安確立」などの労働組合の主張が白ペンキで書かれていたが、まさに国民を無視した労使紛争である。「いい加減にしろ！」と乗客が怒るのも無理はない。

この電車は超満員でドアが閉められず、発車できなくなった。乗客たちは、順法闘争を覚悟して早い時間に駅に来ていたが、それでも電車に乗り込めかったのだ。

一方、後続の上り列車が駅の手前に停車していた。駅長は、発車できなくなった列車をそのままにして、後続列車を中線の2番ホームに入れることを決断する。

さらに、両列車が上尾駅に入ると、超満員の先行列車よりも、後続列車を先に発車させることにした。ただし、どちらも大宮駅止まりに変更になり、そのことを放送すると乗客の怒りは一気に広まった。

その怒りは、駅長や駅員よりも、むしろ順法闘争でノロノロ運転をする運転士に向けられた。傘で乗務員室の窓ガラスを割り、ラッチを開けて侵入しようとしたのだ。

先に上尾駅に到着していた列車（832M）の運転士は、恐怖を感じて車内通話で車掌に助けを求めたが、車掌にも危機は迫っている。結局、運転士を救う人は現れず、そうこうしているうちに、ついに乗客が運転士側の乗務員室に侵入してしまった。

危険を感じた運転士は、線路側に飛び降りて、乗客に襲われる恐怖を感じながら前方（大宮方面）に向かって逃げたのである。途中、下りの特急列車「とき2号」（上野駅発新潟駅行）が止まっており、車内にはスキー客も見られたが、彼は、この特急を横目に見ながら民家に逃げ込んだ。

上尾事件

電車のガラスは、傘を持った乗客たちによって次々に割られていった。

線路に降りた人たちは電車に向かってバラストを投げるし、乗務員室に侵入した人たちは運転機器を破壊した。ついに集団でキレたのである。上尾駅の2本の上り電車は、前面ガラ

上尾事件。駅長室に詰め掛けた乗客たち（写真提供：共同通信）

スにひびが入れられて、前照灯は飛び出した眼のようになり、もはや運行不能になった。両電車の運転士は逃げたが、その場に残っていれば袋叩きだろう。

乗客たちは、駅長事務室にもなだれ込んだ。彼らは電話のコードを引きちぎり、棚を倒し、床に書類を散乱させた。ガラスも割られて、足の踏み場もない。

連日の「闘争」で堪忍袋の緒が切れて、手当たり次第に駅を破壊したのである。

「国鉄総裁と動労の委員長を呼び出せ！」

駅長は、激高する乗客に揉まれて、その混乱の中で睾丸を蹴り上げられて悶絶し、そのまま倒れ込み、頭を強打して気を失ってしまった。

これは、暴力団の抗争でもなければ学園紛

争でもない。暴徒と化した人たちは、憧れの団地生活を手に入れて、日々の苦しい通勤に耐えていた市民たちだ。彼らは、駅長に危害が及んで我に返ったが、救急車を呼ぶにも、電話のコードは引きちぎられていた。そのため、駅長を外に運び出し、駅前の店舗から救急車を呼んだのである。

「駅長がやられた」

国鉄職員に身の危険が及び、乗務員や駅員の多くは駅の外に退去した。職員がいなくなれば、もはや電車など動くはずもない。

しかし、職員がいなくなると、さらに乗客たちは怒った。この日の朝日新聞の夕刊も、「駅を捨て、逃げる駅員」「なんと無責任」「雲隠れ駅員への怒号」と、国鉄側に批判的なタイトルで事件を伝えている。

乗客たちは、上尾駅の手前に止まっている下りの特急列車「とき2号」も取り囲んだ。この車両は「ボンネット型」の車両で、運転席の位置は地面から高く、そして離れたところにあったが、それでも投石によって分厚い前面ガラスを破壊した。もちろん、前照灯のガラスも割られる。

上尾駅に停車している普通電車は、すでに乗務員室が破壊されており、そこから発煙筒が持ち出された。そして、発煙筒を持った乗客が屋根に上がり、煙を炊いたのである。車内でも、一時は座席や洗面所で火がつけられた。完全に暴動だ。

ところで、警察は何をしていたのか。実は、国鉄から出動要請を受けても、すぐには駆けつけなかったという。機動隊が乗客の整理を始めたのは、出動要請を受けてから2時間半も経ってからだ。まるで暴徒が沈静化するのを待っていたかのようだが、いずれにせよ多勢に無勢だっただろう。犠牲を覚悟で時を稼いだのかもしれない。


機動隊が到着すると、ようやく破壊活動は静まった。ただ、投石や破壊行為が収まっただけで、不穏な空気は容易に解消しない。改札口には乗客が集まり、警官隊とにらみ合う。時間は9時過ぎで、832Mの列車が到着してから約2時間が経っていた。

警察は、この暴動で乗客7名を逮捕した。容疑は、建造物侵入、公務執行妨害、そして窃盗である。駅には現金があり、これだけは駅員が守ろうとしたが、それでも50万円が盗まれた。そんな状況では、乗車券の類までは守りきれない。逮捕された乗客の一部は、混乱に乗じて切符や定期券を奪っていた。

この頃、逃げた駅員や乗務員たちは、駅前の熊谷通運の上尾支店（現在の場所とは異なる）に集まっていた。国鉄高崎管理局（現在の高崎支社）の職員も合流して、ここに現地対策本部が置かれる。ただし、これは復旧に向けた始まりでしかなかった。

乗客は、駅で破壊活動をしただけではない。多くの人は列車の運行が再開されるのを諦めて、大宮駅に向かって歩き始めていた。

上尾駅を出てから延々と4・2キロ歩くと、ようやく隣の宮原駅に到着する。しかし、大宮駅まではさらに4キロの距離があり、堪ったものではない。足場の悪い線路上を革靴やハイヒールで歩くのである。

この理不尽な行軍に乗客たちは怒り、その怒りは宮原駅の駅員に向けられた。「お前も一緒に大宮駅まで歩け」と、駅長と助役が乗客に連れ去られたのである。

線路を歩く大勢の乗客たちは、高崎線だけでなく、他の路線にも怒りをぶつけた。彼らは国鉄全体に怒っていたのだ。

宮原駅を出て大宮駅に向かうと、まもなく右手に川越線が見えてきて、そこから大宮駅まで川越線と高崎線は並行する。乗客の一部は川越線の列車にまで投石して、見事というべきか、その列車を停めてしまった。すると、その列車の乗務員たちは、乗客たちに襲われる恐怖を感じて国鉄大宮工場に逃げ込んだ。これにより、高崎線だけでなく川越線も不通になった。

大宮駅でも、怒った乗客がホーム運転事務室を占拠した。順法闘争でダイヤは大幅に乱れるし、乗客たちの怒りによって輸送は大混乱になる。東北本線では、下り急行「まつしま1

号」が投石を受けたこともあって、こちらも不通になった。その他、桶川駅、東大宮駅、北本駅、吹上駅でも乗客の怒りが爆発して、混乱は広まった。

この「上尾事件」によって、国鉄に対する怒りが顕在化した。順法闘争は拷問のような通勤・通学を乗客に強いて、現場社員にも危害が及ぶ。

この事態を受けて、動労の委員長（目黒今朝次郎）と国鉄総裁（磯崎叡）のトップ会談が実現して、さすがに一旦は順法闘争が中止になるが、それでも労使の主張は平行線のままだった。そして、順法闘争は繰り返されるのである。

首都圏国電暴動事件

上尾事件から1ヶ月後の4月24日、ついに暴動は首都圏に広がった。

この日は、動労とともに、最大労組の国鉄労働組合（国労）も順法闘争に突入しており、夕方になると駅に乗客が溢れ出した。私鉄への振替輸送も始まったが、20時30分頃になると、乗客の怒りは発火点を超える。

赤羽駅にいた帰宅途中の通勤客らは、いつまで経っても下り電車が来ないことに腹を立てて、上野駅行の上り電車に対して、「ここで折り返し、下り電車にしろ」（朝日新聞）と騒ぎ出した。

乗客にしてみれば、順法闘争で帰宅できなくなり、これほど理不尽なことはない。しかし、さすがに上り電車を下り電車にせよというのは無理な話で、当然ながら聞き入れられない。しかし、それでは乗客の怒りもおさまらない。この運転士は引きずり出されて、取り囲まれて小突かれた。電車の窓ガラスは割られて、一部の乗客は、駅事務室にもなだれ込む。駅員は追い出されて、ガラスが割られた。

同じ頃、青森駅行の急行「津軽1号」が普通電車扱いで赤羽駅に到着した。しかし、この列車も満員で、赤羽駅からでは乗り込めない。それにしても、青森駅行の夜行列車が首都圏の通勤客であふれかえるのも異様な光景だ。

乗り切れなかった乗客たちは、「津軽1号」のガラスを割ったり、諦めて線路を歩き始めたりした。これで東北・高崎線は不通になる。怒りは伝播して、ついに京浜東北線の電車に火がつけられた。電車は壊され、線路にはあらゆるものが投げ込まれる。完全に暴動になったのだ。

これは、少数の過激な人たちによるものではない。交通新聞によれば、「各ホームに六千人が集まって気勢をあげ、しばらく機動隊とのにらみ合いがつづいた」とのことで、一斉に乗客たちが蜂起したのだ。

上野駅では、信号の前で山手線が止まる。別に異常があったわけではなく、順法闘争で運転士が電車を止めたのだ。

もはや我慢できない。

乗客たちは、非常コックでドアを開けて、線路に降り立ち、電車の先頭部を取り囲んだ。人質にされた形の乗客たちだが、ついに反旗を翻したのである。これにより、山手・京浜東北線も完全にストップ。首都圏のダイヤは、乗客たちの怒りによって次々に息の根が止められた。

上野駅の構内では、あらゆるガラスが叩き割られて、自動券売機も壊された。広い通路では火もつけられる。

危険を感じた駅員は逃げており、破壊活動には歯止めがかからない。さらに、ダイヤの乱れとともに暴動も広がり、秋葉原駅、池袋駅、新宿駅などの主要駅も含めて、乗客の暴動は38駅にも及んだ。

暴動の後始末

首都圏全体に広がった暴動事件は、大きな爪痕を遺すことになった。国鉄が受けた被害総額は、当時の金額で10億円だという。ちなみに、初乗り運賃が30円の時代なので、現在の金額に換算すると数十億円の被害だろう。

首都圏の電車は90編成以上が被害を受けた。被害は大きく、走行不能になった多くの電車が本線上に残されたままになった。まさに、乗客によって国鉄が破壊されたのだ。

首都圏の国電は完全に麻痺して、足を奪われた乗客が駅や列車の中で一夜を過ごした。首都圏を発着する長距離列車も運行不能になり、上りの長距離列車では多くの乗客たちが缶詰めである。

暴動の翌日、国鉄の被害が大きすぎたために朝から国電が1本も走らない異常事態になる。その影響により、私鉄や地下鉄は大混雑になった。

暴動で怒りが発散されたかに見えたが、順法闘争に続いて国電の全面運休という事態になり、乗客たちは怒りを新たにした。松戸駅では、「電車が動かないのなら線路を歩く。案内しろ」（朝日新聞）と乗客に迫られて、助役が先頭に立って線路の上を行進した。それでもなお、労働組合をバックにした野党は、「背後には一部の挑発行為あるやに伝えられている」

として、組織的な扇動があったとほのめかした。懲りない面々である。扇動があったとしても、乗客の怒りがなければ暴動にはならないだろう。

これらの暴動から40年以上が過ぎた。今では、大規模なストライキも、順法ストもなくなった。乗客が暴動を起こして、駅や電車に火をつけたり、ガラスを割ったり、駅員や乗務員を取り囲んで小突くようなこともない。それほど昔のことではないが、すっかり時代の様相は変わったのである。

Episode: 04

【107名もの死者を出した】

未曾有の大惨事「福知山線脱線事故」

2005年4月25日、大型連休前の月曜日の朝、JR発足後の最悪の鉄道事故、福知山線脱線事故が発生した。9時16分ごろ、宝塚駅発同志社前駅行の快速電車（7両編成）が、塚口駅～尼崎駅間のカーブで脱線転覆したのである。

線路脇には新しいマンションがあり、その1階には機械式駐車場が入っていたが、そこに1両目の車両が突っ込み、2両目がマンションの柱に激突、3両目、4両目も激しく脱線した。この事故で、運転士を含めた107名が死亡し、562名が負傷。日本の鉄道史を振り返っても、100名を超える死者を出した事故は、戦後の混乱期を含めても8件しかなく、この事故が9件目になった。

107名の死亡者を年代別に見ると、10代後半が19名と最も多く、20代前半と合わせると31名にもなる。同志社大学では学生3名が亡くなり、川西北陵高校では、遠足でUSJ（ユニバーサル・スタジオ・ジャパン）に向かっていた生徒2名が亡くなった。事故現場では、横たわる同級生を前に「起きて！」と泣き叫ぶ女子高生たちの姿が目撃されている。

死亡原因を見ると、最も多いのが頭部への衝撃で、次いで窒息だった。折り重なった乗客は、胸が圧迫されて呼吸ができなくなり、息ができない苦しみの中で亡くなったのである。負傷者の中には、大きな手術を何度も受けて、長期の入院やリハビリで想像を絶する苦痛を味わった人がいる。両足切断を余儀なくされた大学生もいた。多くの死、悲惨な現場は、ＰＴＳＤ（心的外傷後ストレス障害）をもたらし、

「他の乗客の体がクッションとなって助かった」

「人が折り重なり、胸が圧迫されて苦しかったが、周りの人が亡くなって動かなくなると、呼吸が少し楽になってホッとした」

という極限の体験が、生き残ったことへの罪悪感となって、さらに被害者を苦しめた（これを「サバイバーズ・ギルト」と呼ぶ）。

このような事故が、21世紀の現代に起きたのだ。

平成になってから、あるいはＪＲが発足してからの四半世紀を振り返ると、福知山線脱線事故、信楽高原鐵道事故と、鉄道史に残る悲惨な事故が起きている。それ以前の大事故では、1962年に三河島事故（死者160名、負傷者296名）、1963年に鶴見事故（死者

161名、負傷者120名)、1972年に北陸トンネル事故(死者30名、負傷者714名)が起きているが、昭和50年代以降はこれほどの大事故は起きていない。平成になって大事故が発生しているのは、技術の発展を考慮すれば異常ではないかと思える。

しかし、これらの大事故を除けば、明らかに鉄道の運転事故は減っている。1981年の運転事故は2027件(死傷者1392名)だったが、2011年には866件(死傷者779名)になり、輸送量も増加しているため、運転事故の確率は3分の1にまで激減した。「歩いているよりも列車に乗っている方が安全」という試算があるくらい、鉄道の安全は高まったのだ。

それでも福知山線脱線事故は起きた。

JR宝塚線(福知山線)はローカル線ではなく、JR西日本が「アーバンネットワーク」と呼ぶ大阪近郊の在来線の1つである。

国鉄時代は機関車と客車が走る路線だったが、新型車両の投入、スピードアップ、駅舎の改築、JR東西線との直通運転開始などにより、飛躍的な改善を遂げた。並行する阪急電鉄からも乗客を奪って、JR発足当初(1987年度)から比べると利用者は3倍になっている。まさにJR西日本の象徴的な路線である。

では、事故の原因は何だったのか。

直接的な原因は、23歳の運転士、高見隆二郎運転士がブレーキをかけなかったことにある。このカーブの手前は120㎞／hまで出せる長い直線区間で、このカーブで速度制限が70㎞／hになるのだが、高見運転士はブレーキをかけずに116㎞／hで突入した。

本来、鉄道にはATS（自動列車停止装置）があり、飛行機や自動車に比べて格段に安全性が高いが、この事故ではATSが役に立たなかった。長い歴史を持つATSだが、基本的には「信号冒進を防ぐ」ことに心血が注がれて、カーブでの速度超過防止はあまり意識されてこなかった。

三河島事故を契機に、国鉄全線でATSが設置されたが、このATSは停止信号を運転士に警報で知らせるもので、警報鳴動後、運転士が「確認」ボタンを押さないと5秒後に非常ブレーキがかかる装置である。信号を見落とすことを防止するのが目的なのだ。

ただし、そのままブレーキ操作をしなければ、赤信号でも冒進してしまう。JR宝塚線（福知山線）に設置されていたATSは、SW型と呼ばれる改良形で、運転士が「確認」ボタンを押した後でも、そのまま停止信号を冒進しようとすると信号の手前で非常ブレーキがかかる。

また、このSW型は、速度超過している列車にブレーキをかける速度照査機能も備えていた。しかし、ATSというのは地上子が設置されている「場所」でしか機能しない。残念ながら、事故現場のカーブにはATSの地上子が設置されていなかった。

この速度照査機能も、本来はカーブでの速度超過を意識したものではなく、ポイントを意識したものだ。ポイントは、直進する場合は高速で通過できるが、分岐する場合には低速で通過しないといけない。ポイントを分岐する際の脱線事故が多かったので、速度照査機能は生まれたのだ。

事故が起きたカーブは、JR東西線の開業に伴う工事で急カーブに変わったが、その際には危険性が認識されず、速度照査は設置されなかった。このため、当時の鉄道本部長で元社長の山崎正夫氏が業務上過失致死傷の容疑で起訴されたが、2012年に神戸地方裁判所は無罪判決を出し、控訴されなかったために無罪が確定する。

ここは、速度制限が50km／hも変わる危険な個所であるにも関わらず、速度照査が設置されなかった。しかし、同様の箇所はJR東日本管内や民鉄にもあり、JR西日本だけが危険を放置したのではない。また、速度超過による曲線での事故は、皆無ではないが、事故全体の中では多いものではない。そのような事故は、ほとんどが重心位置が高い機関車や貨車で起きていた。

ところで、ATSについては悔やまれることがある。

ATSには、ATS－Pという高度な形式が登場していた。これは、信号機までの距離と列車速度を計算して自動でブレーキをかけるもので制動距離が長い鉄道の弱点をカバーし

ＳＷ型と類似形式のＡＴＳ－Ｓ型地上子（©100yen）

て、停止信号の手前で必ず列車を止めるものである。ＪＲ宝塚線にもＡＴＳ－Ｐを設置する計画があり、そのときには、事故現場のカーブにもＡＴＳ－Ｐの速度照査機能を設置する予定だった。つまり、この工事が完了していれば、福知山線脱線事故は防げたのである。

23歳の運転士のミス

事故現場にはバックアップとなる安全装置はなく、安全は運転士にゆだねられていた。では、なぜ高見運転士はブレーキをかけなかったのか？

１両目に乗り合わせた吉田恭一さんは、事故から1年7ヶ月後に『福知山線５４１８Ｍ一両目の真実』を出版したが、その本の中

で、

「私は、運転士は曲がりきれないことを承知で、わざとオーバースピードのまま、あのカーブに突っ込んだと思っている。（中略）つまり、多少の暴論であることを承知で言わせてもらうなら、もしかしたら運転士の自殺に私たちがつき合わされたのではないのか、とさえ思っていた」

と、事故の原因は高見運転士の自殺ではないかと突きつけた。

吉田さん自身、車内でパソコン作業をしていたが、この曲線に差し掛かる前に、「あれ？　電車の速度が落ちていない！」（前掲書より）

と、ハッと気づくのである。

他にも不安を抱いた乗客がいた。

「いつもなら塚口駅辺りで減速するのに、その時は減速せず速いと思った」

「塚口駅を過ぎ、そのまま速度が高いと思っているうちに事故になった」

（いずれも事故調査報告書より）

乗客がこれだけの危機感を持つのである。ましてや、前方を見ている運転士が危険を感じないわけがない。これが吉田さんの主張だ。高見の運転が異常だったことは間違いない。

では、高見はどんな人物だったのか。航空・鉄道事故調査委員会がまとめた事故調査報告書には、彼のことが割と詳細に記載されている。

身長１６８・６㎝、体重77・８㎏で、太り気味だがスポーツ好きで、会社ではスキー、テニス、バドミントン等の部活に参加していた。その中でもスノーボードが特に好きで、雪がなくなる時期まで行っていたという。４人兄弟の３番目で「兄弟の中で一番明るく、陽気な方だった」と家族は証言し、高校時代の友人も、

「（高見運転士は）自分から積極的にコミュニケーションを取る方で、多分友達も多かったと思う」

と言う。性格は社交的だったようだ。

事故調査報告書には、高見の「彼女」と思われる女性も登場する。高校生の時にアルバイト先で知り合ったという女性で、高見が運転士になったころ、地下を走るＪＲ東西線ではブレーキをかける位置が分かりにくいと、休みの日に２人で確認しにいっている。仲が良いし、同時に彼のまじめな性格がうかがえる。

高見は、まじめな性格だったようだが、一方で仕事のミスは少なくなかった。

最初に配属された長尾駅では、３分の遅刻をして「注意指導」を受けた。わずか3分の遅刻だが、仕事は他ならぬ駅員であり、これは人事記録に残る大きなミスである。

１年後、車掌になった高見は再び処分を受ける。

このとき、阪和線の快速電車に乗務していたが、13分の遅れを持っていたため、鳳駅で「運転通告券」を受け取った。運転通告券とは、指令が駅員を介して乗務員に指示を出すものだ。

この運転通告券には、「運転線路」の欄に「上野芝駅1番線に変更」、「その他」の欄に「各駅臨停客扱い」という指示のみが記載されていた。「各駅臨停客扱い」で「上野芝駅1番線に変更」だから、2つ先にある上野芝駅は臨時停車して客扱いをするのだろう。しかし、上野芝駅の前の津久野駅に臨時停車するのかどうかが、この指示では明確ではない。ちなみに、どちらも快速電車の通過駅である。

「津久野停まりますか」

高見車掌は鳳駅の駅員に聞いたが、

「そんなもん停まるがな」

と言われて、いったんは納得して乗務に戻った。

このとき、運転士も同じ運転通告券を受け取っていたが、運転士は上野芝駅のみ臨時停車で、津久野駅や他の快速通過駅は、快速電車として通過するものだと理解していた。やはり、指示が明確ではなかったのだ。

鳳駅を出発し、電車は津久野駅に近づいたが、運転士は速度を落とさない。

（各駅臨停客扱いは上野芝駅からなのかな）

と、高見は思い直して、非常ブレーキを作動させないで津久野駅を通過させた。しかし、指令の意図は津久野駅から各駅停車扱いだったのだ。このため、運転士は3日間の日勤教育と訓告を受け、高見車掌も4日間の日勤教育と訓告を受けた。一方で、指令員は処分を受けていない。運転士と車掌には同情の余地もあるが、列車無線で指令の指示を確認すべきだったのである。

「日勤教育」は、福知山線脱線事故で世間に知られたが、乗務から外れて受ける再教育のことで、勤務が「日勤」となるので「日勤教育」と呼ばれる。これは他の鉄道会社でも行われており、それ自体は異常ではないが、JR西日本の場合は懲罰的な面が強すぎて、乗務員に過度なプレッシャーを与えていると事故後に問題になった。

JR西日本の日勤教育には決まったカリキュラムがなく、自分を見つめなおすための反省文を書くことが中心だった。停車駅の通過というミスで、運転士の日勤教育が3日間、高見車掌の日勤教育が4日間で、車掌の方が運転士よりも長いが、カリキュラムが所属する区所にゆだねられているため、このような現象が起きるのである。

高見のミスは続く。2003年8月5日には、見習い車掌の指導車掌という立場で乗務していたが、立ったまま居眠りをしているところを発見された。

彼には、1年おきにミスを犯すという変な周期があり、この1年後、福知山線脱線事故の

「予兆」のようなミスを犯す。さらにその1年後が福知山線脱線事故だ。

福知山線脱線事故の1年前、運転士になったばかりの彼は、篠山口駅発木津駅行きの快速電車で下狛駅の停止位置を100mも行き過ぎてしまった。列車は4両編成なので、列車の最後部もホームから外れる。

この事故では、高見は最初「ブレーキを緩めて行き過ぎた」と言っていたが、事情聴取を受けると、回復運転をしていてブレーキが遅くなり、そのまま「その他のこと考えてボーっとして……」行き過ぎたと説明する。さらに追及が進むと、「止めると言う意識は薄かった」と、居眠りによる行き過ぎであったと白状した。嘘がばれたのである。

高見は翌日から乗務を外されて、13日間の日勤教育を受けた。同僚たちが毎日乗務している中で、点呼場から見えるところでレポートを書く日々が続く。

「今度ミスをしたら運転士を辞めさせせられるというようなことを本件運転士が言っていた」（事故調査報告書より）

と、「彼女」や高校時代の友人が証言しており、自分のキャリアを失う恐怖を抱いたようだ。

このときの高見は、社会人として4年のキャリアだが、まだ22歳の若者である。その彼が、駅員のときの遅刻、車掌のときの停車駅通過と指導時の居眠り、運転士になってからの大幅なオーバーランと、押しつぶされそうなほどのプレッシャーを背負ってしまった。このうち

1つでも防ぐことができていれば、1年後の福知山線脱線事故は起きなかったかもしれない。もしくは、このときの処分で高見が本線運転士を降ろされていれば……。

事故当日

事故調査報告書によると、事故の6日前、彼は京橋電車区で定期個人面談を受けている。将来の希望は、「特急電車に乗務したい」「新幹線の運転士になりたい」、また、「これからは続々と後輩達が増えてくると思うので、自分の経験等を活かして自分と同じ失敗をさせないようにしたいです」と抱負を語る。前回のミスから1年が経ち、もう二度と大きなミスは犯したくないと気持ちを新たにした。次に大きなミスを犯せば、特急電車の運転士も、新幹線の運転士も叶わぬ夢となる。

事故の前日は午後からの勤務で、23時03分に到着点呼を受けて勤務を終えた。この日は放出(はなてん)派出所に宿泊で、仲間の多い高見は、休憩所のような場所で他の運転士と話をして、24時ごろに部屋に入っている。事故当日は6時08分に発点呼を受けており、十分な睡眠時間ではないが、それほどきつい行路でもなかった。

出区点検を終えると、電車を放出駅の2番線に据え付け、ホームで松下正俊車掌と顔を合わせた。松下は42歳のベテランで、国鉄に入社し、ＪＲ西日本発足の2年後に車掌になり、最初は天王寺車掌区に所属して、3年前に京橋車掌区に異動している。高見も天王寺車掌区にいたが、乗務員は人数が多いし、2人は年代も違うので、親しい関係ではなかったかもしれない。

そのうえ、高見は他の若手社員と同じようにＪＲ西労組の所属だが、松下はＪＲ西労の所属である。労働組合の名前は似ているが、ＪＲ西労は会社と対立しており、会社の方針により、松下は高見の指導者にはならなかったはずだ。

2人は、淡々と列車番号を確認し合い、そのまま別れて、高見は反対側の運転室に移動した。この電車は、松井山手駅行の回送電車で、松井山手駅から折り返しの尼崎駅行快速電車となる。

松井山手駅からの快速電車は通勤電車で、徐々に車内は込み合い、ダイヤも30～40秒遅れてきた。通勤電車は遅れやすいし、ダイヤが乱れると影響が大きく、乗務員は緊張を強いられる。このときの高見も例外ではなかっただろう。

途中の住道駅では、通過待ちをしていた普通電車の運転士と「お疲れ。人が多いな」と短い会話をしており、京橋駅到着は定刻から1分余り遅れた。京橋駅からは地下区間のＪＲ東西線に直通して、終点の尼崎駅に至る。尼崎駅からは再び回送電車になり、遅れも回復。この回送電車は運転時分に余裕があり、高見はゆっくりと宝塚駅に向かった。緊張からも解放されたに違いない。

２面３線の宝塚駅では、１番線に下り、３番線に上りの列車が到着し、２番線に折り返しの電車などが入線する。この回送電車は２番線の到着で、時間が早かったため場内信号機は停止信号だった。高見は、ほとんど止まりそうな10㎞／h程度にまで速度を下げて30秒ほど待ち、２番線の場内信号機が停止信号（R現示）から注意信号（Y現示）に変わったところで力行を開始した。

事故調査報告書の類推では、このとき高見は、眠気で一瞬意識が飛んでしまったとみられる。２番線に入線するときは、ポイントを渡るので速度制限が40㎞／hになるが、65㎞／hまで加速してしまったのだ。１番線に進入すると勘違いしたのかもしれない。

「ジリジリジリジリジリジリ！」

運転室にはブザーが鳴り響いた。これは２番線の「出発信号機」が赤であることを知らせる警報で、入線することに問題はなく異常ではない。しかし、その直後に電車はポイントに差し掛かり、車両は「ボアン」と大きく揺れた。速度制限40㎞／hの分岐を65㎞／hで進入したのである。

「ジリジリジリジリジリジリ！」

ＡＴＳの「確認要求」のブザーが鳴り響くが、高見は「確認ボタン」を押せなかった。到着番線を勘違いして慌てたのだろう。ついに非常ブレーキが作動し、電車は駅の手前で停止してしまった。

これが事故の始まりとなる。

ＡＴＳの非常ブレーキが作動した場合、指令に連絡してから解除することになっているが、（ミスはなかったことにして、ＡＴＳの非常ブレーキを密かに解除したい……）と、どんな運転士でも誘惑を感じるところである。この電車は回送なので、ミスに気づいた乗客はいない。車掌さえ報告しなければミスは隠蔽できるのだ。

「ジリジリジリジリジリジリ！」

ＡＴＳの警報は数秒間鳴り続けた。指令に連絡するか、ＡＴＳの非常ブレーキを無断で解除するか、心の中で葛藤があったと思われる。そして高見は、天井にあるカバーを開けて、円形のスイッチを下に引いた。

「キンコンキンコンキンコン」

不快な警告音が止み、軽快なチャイム音に変わった。指令に連絡をしないでＡＴＳの非常ブレーキ作動を解除してしまったのだ。ミスを犯すと同時に、禁じられていることをやってしまい、罪はさらに重くなった。もう後戻りはできない。

高見は松下車掌を呼び出し、出発合図をもらって運転を再開した。すると今度は、2番線に到着するときにATSの非常ブレーキが作動した。これはATSの「誤出発防止」機能によるもので、詳細は省略するが、駅の手前で停車したため、進入に時間がかかって作動したのである。高見自身、このときのATS作動の原因は分からなかったかもしれない。

2度のATS作動の後、ようやく宝塚駅に到着した。しかし、高見はしばらく運転室から出てこなかった。松下車掌が運転室に来て、しばらくしてから高見は立ち上がる。松下車掌が「Pで止まったん?」(ATS－P区間ではないのでこの言葉は正しくないが、ATSで止まったのか? という意味)と聞いたが、高見は何も答えないまま反対側の運転室に移動して行った。

先輩に話しかけられても無視した高見。彼は、松下が指令に報告するのではないかと疑心暗鬼になっていたのだ。運転室に着いてからも列車無線をいじっており、指令と松下の交信が始まるのではないかと気にしていた。しかし、このとき松下は指令に報告せず、高見の杞憂である。

そして、事故を起こす電車、同志社前駅行の快速電車は発車する。

宝塚駅を定刻に発車した快速電車は、中山寺駅、川西池田駅で駆け込み乗車があり、30秒の遅れが出た。この遅れは仕方のないものだが、高見は回復運転をしようと120km/hまで速度を上げた。

しかし、(ミスを隠し通せるか、車掌はどんな報告をするか、ばれたらどうなるか)などと考えて、運転に集中できなかったと想像される。伊丹駅が近づき、「停車です、停車です」という停車ボイスが流れるが、高見は反応せず、ブレーキの使用開始地点になってもブレーキを使わない。このとき、松下車掌も速度が高すぎることに気づく。

「停車、停車」

停車ボイスが警報に変わり、高見は慌ててブレーキをかけた。強いブレーキで大きく減速するが、電車は停止位置を72ｍも行き過ぎて停車した。

宝塚駅のミスは隠蔽できても、このオーバーランは隠せるものではなかった。車内の乗客も、伊丹駅のホームの客も、このミスを目撃してしまった。遅れも1分20秒に拡大している。所定の停止位置まで後退し、松下車掌が客扱い(ドア開閉)をして、ようやく電車は伊丹駅を発車する。松下車掌が「次は尼崎……」と放送を始めると、高見が間髪をいれずに松下を呼び出した。放送中に呼び出すのは、それだけ余裕がない証である。

松下車掌は放送を中断して、車内通話の受話器を上げた。

「……まけてくれへんか」

ATSの非常ブレーキに続いて大幅なオーバーラン。1年前のオーバーランは13日の日勤教育と訓告処分だったが、今回はそれ以上の処分で、運転士を辞めさせられるかもしれない。そうなると、23歳の若さで、転落するように立場を失ってしまう。高見は、行き過ぎた距離を実際より短く報告してもらうように、松下車掌に頼んだのだ。

「だいぶ行っているよ」

松下車掌が答えると、7両目（最後尾）の男性の乗客がガラスを「コンコン」と叩いてきた。松下は、高見には何も告げずに受話器を置き、扉を開けた。

「なんでお詫びの放送せーへんのや」

「今やろうと思っていました。今から放送しますのでちょっとお待ちください」

事情も知らず、急に車内通話を切られた高見は不安を感じたに違いない。車掌は怒っているのではないか……。

「オーバーランしたことをお詫びします」

お詫びの放送も、高見には当てつけのように聞こえただろう。

高見にはもう1つの懸念があった。オーバーランを過少報告するには、遅れも回復させないといけない。この電車が遅れると、尼崎駅で接続するJR神戸線（東海道線）も遅れてしまう。伊丹駅からは長い直線区間になるので、回復運転をするのはここしかない。高見は120km／hまで加速させた。

「こちら指令どうぞ」

速度が１２０km／hになったときに、ついに指令と車掌の列車無線が始まった。

「えー、行き過ぎですけれども、後部限界表示およそ8メートル行き過ぎて……」

松下は、72メートルの行き過ぎを「８メートル」と過少報告した。このとき電車は、塚口駅を１２０km／hで通過する。

「1分半の遅れで発車しております」

高見は右手の手袋を外し、赤鉛筆を出してメモを取ろうとした。松下の過少報告をメモして口裏を合わせないといけない。前方には名神高速道路の橋が迫り、すでにブレーキの時期を逸している。

車掌と指令の列車無線は続く。８メートルの行き過ぎだけで、1分半も遅れるのは大き過ぎるし、「1分30秒」ではなく「1分半」という表現が鉄道マンらしくなく不自然だ。

「えー、遅れにつきましては、何分でしょうか。どうぞ」

「あ、1分半です。どうぞ」

「1分30秒の遅れ。えー」

名神高速道路の先には大きなカーブがあるが、もはや間に合わない。それでも高見はブレーキを使用しない。指令は、車掌の報告に疑問を感じつつ、高見を呼び出した。

「えー、それでは替わりまして、再度、5418M運転士……」

呼び出される高見。電車は名神高速道路をくぐって、速度制限70㎞／hのカーブを116㎞／hのまま突入してしまう。高見は、我に返ったようにブレーキを使うが、無情にも電車は脱線転覆して線路脇のマンションに激突した。

マンションに激突した車両（写真提供：共同通信）

「5418M運転士、応答してください。どうぞ」

指令は呼びかけるが、高見は応答できない。腹部を打撲した高見は、腹腔内出血で死亡したのである。

何も知らない乗客は、こうして事故に巻き込まれた。何の落ち度もないのに、106名が命を落とし、多くの人が肉体的にも、精神

完全に押しつぶされた先頭車両（国土交通省ホームページ）

的にも、社会的にも、完治できない傷を負ってしまった。事故現場は、まさに惨状になった。

先頭車両の運転室では、高見が遺体となって発見された。彼は、左手だけに乗務員用の手袋を着用し、右手は手袋を着用していなかった。遺体のそばには、乗務員用の赤鉛筆が1本落ちていた。

片方しか手袋を着用していない不自然な遺体。事故調査報告書が明らかにした原因は、追いつめられた高見が、右手の手袋を外し、赤鉛筆を取り出し、列車無線の内容をメモしようとして、そのまま大幅な速度超過でカーブに突入したというものだった。

この事故の始まりは、宝塚駅手前のＡＴＳ

非常ブレーキ作動である。ＡＴＳは安全装置だが、自分の運転ミスで作動させており、高見は余裕を失う。伊丹駅をオーバーランしてますます追いつめられると、車掌と口裏を合わせるために列車無線に聞き入って、運転への集中力を完全に失ってしまった。

心理的に追いつめられた人間は、小さな失敗から大きな失敗を招くことがある。自分が高見運転士と同じ立場になったとき、同じ過ちを犯さないと言い切れるだろうか。

鉄道の安全を高めてきたＡＴＳと列車無線だが、皮肉なことに、福知山線脱線事故ではこれらが運転士の注意力を削いでしまった。そして、整備されてきたＡＴＳの間隙を突いて、電車は大幅な速度超過でカーブに進入して脱線転覆したのである。追い詰められた人間は、最後は考えられないようなミスを犯したのだ。

Episode: 05

【狙われた東京の地下鉄】

同時多発テロ「地下鉄サリン事件」

朝ラッシュ時、東京メトロでは2～3分おきに電車が走り、1日の平均利用者は622万人にもなる。鉄道は、ラッシュによる混雑はあるものの、車のような渋滞もなければ、広い駐車場もいらない。東京は、地下鉄が網の目のように張り巡らされたからこそ、巨大首都として今日まで成長を続けることができた。

一方、東京の動脈になった地下鉄は、言い換えれば日本の弱点でもある。この動脈が寸断されれば、経済活動は滞り、首都機能も麻痺してしまう。

実際、世界中で鉄道はテロの標的になってきた。2004年、スペインの首都マドリードでイスラム過激派が列車爆破テロを起こし、2006年には、インドのムンバイでカシミール地方の分離独立を求める組織などが列車爆破テロを起こしている。どちらも、複数の列車が同時に爆破されて、およそ200人が亡くなっている。

日本で起きた地下鉄サリン事件は、「事件」とは言っても同時多発テロであり、国家の転覆を狙った凶悪な犯罪だ。それは、列車爆破ではなく、もっと異質なものだった。

青天の霹靂

1995年3月20日、この日は月曜日だが、翌日は春分の日で休日である。この日を休みにすれば4連休になるが、生真面目な日本人の性分なのか、電車の混雑は普段とそれほど変わらなかった。営団地下鉄（当時）の鉄道マンたちも、いつもと同じように働いていた。

8時6分、「異臭がする」と、茅場町駅の駅員は乗客から申し出を受けた。朝ラッシュもピークである。駅員が駆けつけると、日比谷線のホーム（中目黒方面）に人が倒れている。何が起きたのかは分からないが、駅員はただちに救助を行った。

その2分後、日比谷線（中目黒駅方面）の車内でも異常が発生する。電車が八丁堀駅を発車した直後に、車内非常警報器のブザーが鳴り響いたのだ。日比谷線は東武線と直通運転をしており、朝の混雑は激しい。この時間にダイヤが乱れたら大混乱である。

運転士は、けたたましいブザーに緊張しただろうが、規定によりトンネル内で電車を停止させるわけにはいかず、次の築地駅まで運転した。そして、車掌がドアを開けるやいなや、乗客が一斉にホームに飛び出したのである。多くの乗客が倒れこむようにホームに降りて、気づいた駅員も駆け寄った。まさに異常事態だ。この駅では死亡者も発生する。

この電車の運転士は、8時14分に運輸指令所に異常を報告した。

「車内で白い煙発生、列車から降りたお客様がホームで倒れている」

運転士は、経験のない事態に混乱したのだろう。実際は白い煙は発生していないはずだが、列車火災が発生したと早合点したらしい。無理もないかもしれない。鉄道史を振り返っても、このような事態になるのは列車火災ぐらいしかない。運輸指令所は「築地駅で爆発事故が発生した」と理解して、日比谷線の「全線発車待ち」を指令した。

一方、日比谷線の北千住方面でも次々に異常事態が発生していた。

8時5分、広尾駅の駅員は、降車した乗客から、車内に異臭のする液体がこぼれているとの報告を受けた。茅場町駅と似た状況である。

8時11分、その電車が神谷町駅に到着すると、「車内に異臭がして倒れている人がいる」と車掌が乗客から連絡を受けた。

車掌が車内に行ってみると、座席の下に液体が広がり、新聞紙に包まれた不審物が残されていた。大きさは弁当箱ぐらいである。ちなみに、この神谷町駅でも死者が出る。車掌は運輸指令所に報告し、電車は霞ヶ関駅で運転休止になった。

報告を受ける運輸指令所は、次々に急病人が発生する事態に困惑しただろう。現場の状況は見えないが、前代未聞の事態が起きていることは確かだ。築地駅に停車している乗務員の報告から、当該列車で爆発事故があったと推測したが、それならば広尾駅や反対方面の電車に被害が出るはずがない。

8時35分、ついに運輸指令所は「日比谷線全線営業停止」を指令した。尋常でない数の負傷者が発生しており、日比谷線全駅の乗客を避難させるとともに、駅係員と乗務員も避難するように指示した。このような指令を下すのも初めてであり、勇気が必要だっただろう。

少し時間を巻き戻し、日比谷線の中目黒方面に話を戻す。

8時14分、「日比谷線全線発車待ち」が指令されたため、築地駅の4つ手前にある小伝馬町駅でも、電車が発車待ちになっていた。指令を非難することはできないが、結果的にこの状況が被害を広げることになる。実は、築地駅よりも小伝馬町駅の方が危険な状態だったのだ。

日比谷線の中目黒方面では、秋葉原駅（築地駅の5つ手前）で車内に不審物が3つ持ち込まれた。これも弁当箱ぐらいの大きさで、新聞紙に包まれているが、液体が染み出て異臭を放っていた。これに気づいた乗客は、電車が小伝馬町駅に到着した時に、ホームに蹴り出したのである。この時点では、それほど危険なものだとは誰も思っていない。ともかく、小伝馬町駅の細長いホームに気化したガスが充満した。

8時35分、「日比谷線全線営業停止」が指令されると、小伝馬町駅に停車していた電車は回送電車になり、すべての乗客が降ろされた。このとき、ホームには泡を吐いて痙攣している人や、奇声を上げて苦しみもがく人がいた。「てんかん」の発作かと思って介抱する人もいたが、危険を感じた乗客は改札を抜けて地上に出た。しかし、地上でも多くの人が座り込んだり倒れ込んだりしている。

小伝馬町駅のホームに残された不審物は、駅員に気付かれることなく、多くの人に被害を与えてしまった。この駅では4名が亡くなり、日比谷線の中目黒方面では合計8名の人が亡くなる。

千代田線でも非常事態が発生する。

霞ヶ関駅の千代田線のホームには、代々木電車区から助勤で来ていた菱沼恒夫助役や、霞ヶ関駅の高橋一正助役などがいた。

8時12分、JR常磐線からの直通電車が到着すると、乗客から「車内が汚れている」との申し出があり、菱沼助役は「清掃を行う」と運転士に通告して、高橋助役などとともに車内に広がる液体を新聞紙で拭き取った。ラッシュ時間帯に車内が汚れたとなれば、迅速に処理しないと大きなダイヤ乱れになる。

鉄道マンというのは、こういう場合に真っ先に手を動かすものだが、やがて高橋助役はホームで倒れてしまい、菱沼助役も駅事務所に戻ってから倒れてしまった。他にも倒れた職員がいたが、この2人だけが、何が起きたのかもわからず、そのまま殉職するのである。

この電車は次の国会議事堂前駅まで進み、同駅の駅員によって再び清掃された。駅員は、残っていた液体におが屑をかけ、それをホームに掃き出してモップと布で拭き取った。後から考えると、営団地下鉄の職員は危険なことを率先して行っているが、それだけ多くの負傷者も出してしまう。2名の殉職者の他に、236名の職員が負傷する。この電車は、運輸指令所の指示により国会議事堂前駅で回送電車になった。

丸ノ内線でも被害が発生し始める。8時26分、荻窪駅行の電車が中野坂上駅に到着すると、運転士は、乗客から急病人が発生しているとの連絡を受ける。現場に急行すると、2名の乗客が駅員に救助されているところで、車内には異臭のする袋が2つ残されており、床が濡れた状態だった。この袋は駅員が事務所に持っていって警察に引き渡し、車両は荻窪駅で清掃されたが、異臭は消えず、折り返しの新高円寺駅で回送電車になった。

丸ノ内線の反対方面では不審物の発見が遅れてしまう。この電車は池袋駅で折り返すのだが、折り返しの車内点検では処理されず、そのまま新宿駅に向けて発車した。この不審物は30分以上も車内に残されたが、8時40分ごろ、後楽園駅で降車した乗客から異臭がするとの申し出があり、ようやく職員が知ることになる。

8時43分、電車が次の本郷三丁目駅に到着すると、駅員がホウキとチリ取りで不審物を車外に出して、次の御茶ノ水駅で駅員が車内清掃を行った。この電車はそのまま運行されて、新宿駅でさらに折り返すのだが、運輸指令所の指示により、国会議事堂前駅から回送電車になり、ようやく営業運転が止められた。

被害の大きかった日比谷線では、まもなく全線で運転が止められたが、千代田線、丸ノ内線では運転が継続された。

9時12分、警察からの要請により、千代田線、丸ノ内線は霞ヶ関駅を通過扱いにしたが、運転が停止されることはなかった。運輸指令所では、被害が大きい日比谷線に意識が集まって、千代田線や丸ノ内線に同じだけの意識が及ばなかったのだろう。同時多発テロが発生していながら、運転が継続されたのは驚きである。

その後、丸ノ内線の支線である中野坂上駅〜方南町駅間の運転が止められて、中野坂上駅も通過扱いになった。しかし、警察と消防の許可を得て11時10分には運転再開になる。

テロ発生後の対応

営団地下鉄だけでなく、警察や消防も対応に追われることになる。築地駅、神谷町駅、霞ヶ関駅などの各駅からは、救急車によって合計で数百人が病院に運ばれた。救急車だけでは足りず、タクシーや一般車両も負傷者を搬送する。

都内はまさに騒然となり、テレビは特別番組に切り替えられて、「異臭がした」という多くの被害者の証言が流れた。これは爆発事故などではない。明らかに、何らかの劇薬が地下鉄に撒かれたのだ。11時ごろ、警察は「サリンの可能性が高い」と原因物質を公表する。

被害の大きさを見ても個人的な犯行とは考えにくいが、サリンは化学兵器でもあり、組織的な犯罪が疑われた。1年前に発生した松本サリン事件では、河野義行さんという個人に容疑が向けられたが（これは冤罪であることが判明する）、東京の地下鉄でサリンが撒かれたことを考えると、一連の事件が個人の犯行であるとは考えにくい。

そもそも化学兵器は、戦争でも使用が禁止されているものである。松本サリン事件のときには、マスコミの報道などによってサリンが農薬などを配合して生成できると誤解されたが、そんな簡単なものではない。

化学兵器というのは、本格的に使われたのが第一次世界大戦で、残酷な兵器であるために使用禁止になった。しかし、開発だけは進められて、その結果、第二次世界大戦中のドイツで「神経ガス」が開発されたのである。

サリンも神経ガスの一種である。神経ガスは、神経の伝達機能を破壊し、脳の指令が筋肉に伝わるのを阻害する最強の化学兵器で、これは化学工業国のドイツだからこそ開発できたものだ。

ちなみに、悪魔の兵器を手にしたナチスだが、連合軍が神経ガスで報復してくることを恐れて、新兵器を封印したまま敗戦を迎えた。つまり、ヒトラーも使わなかったサリンが、東京の地下鉄で撒かれたことになる。

化学兵器が使われた地下鉄サリン事件は、鉄道事故とは違った悲劇を生むことになった。駆けつけた遺族が体に触れようとすると、

「絶対に触れてはいけないし、近くに行ってもだめだ」（地下鉄サリン事件被害者の会『それでも生きていく』）

と言われたりした。

遺体にサリンが残っていれば二次被害が発生する。遺族は取りすがって泣くこともできない。そのうえ、家族の意向に関わりなく、遺体は司法解剖されて、きれいな姿にしようという配慮もなく戻された。

解剖を行う法医学者が非難されそうだが、彼らもサリンの恐怖に怯えた。

「場合によっては自分たちもサリンを吸って死ぬのではないかという恐れで異常に緊張し、

気管をいよいよ切開しようとしたとき、解剖台の近くの人がみんなすーっと後ろへ遠のいた」（高橋シズヱ『ここにいること』）

という。

大量の負傷者が運び込まれた医療機関でも、治療方法に苦慮する。患者は、視界が暗くなり、眼の痛み、頭痛、吐き気、涙や鼻水といった症状を訴える。重症者の中には幻覚に悩まされる患者もいた。事故後、視力が低下したり、物忘れがひどくなったり、重症者でなくても後遺症に悩まされる人が多かった。しかし、視力低下や物忘れは、加齢によるものか、サリンによるものなのか、区別がつけられない。医者も、被害者も、家族も、会社も、後遺症がよくわからず苦労するのである。

自衛隊員によって行われた除染作業

事故現場である地下鉄に話を戻そう。

撒かれた劇薬はサリンであり、もやは営団地下鉄が処理できるものではない。時すでに遅く、何も知らない職員がサリンの入った袋を除去したり、濡れた床を拭き取ったりして死傷したが、これ以上の対応は不可能だった。

一方、警察だけでなく、自衛隊にまで招集がかかる。市ヶ谷駐屯地の第32普通科連隊では、勤務者だけではなく、休暇中の隊員も含めた連隊総員の非常招集がかかった。これに化学隊が加わり、災害派遣命令によって自衛隊がサリンの除染作業に向かうのである。自衛隊が首都に展開するのは、これが初めての事態ではなかろうか。

第32普通科連隊は、主に4つの除染隊に分けられて各駅や車両基地に派遣された。自衛隊がサリンの除染作業を行い、警察、消防と連携して現場の処置を行う。

築地駅では、駅員も待避して無人になっていたが、そこに防毒マスクをつけた自衛隊員が踏み込んでいく。駅員は、彼らの活動を見守るしかない。

「築地駅はいつから使用可能でしょうか？」（福山隆『「地下鉄サリン事件」戦記』）

と、駅員は自衛隊員に尋ねたという。

除染を終えた自衛隊員は、駅構内で防毒マスクを外し、自ら空気を吸い込んで安全を確かめた。

「もう大丈夫です。駅の使用は可能です」（前掲書）

こうして、地下鉄職員は職場に戻れたのである。

後楽園駅にある丸ノ内線の引き上げ線では、地下鉄職員に教えてもらって、自衛隊員が車掌スイッチを操作した。サリンの撒かれた車両の全ドアを、地下鉄職員に代わって開扉させ

除染作業をする自衛隊員（「防衛白書　平成14年版」より）

るためだ。ここでも、除染後に自衛隊員が防毒マスクを外して、車内を歩き、安全であることを証明した。

この車両は、念のためドアを開けたまま滞泊することになったが、この車両に限らず、サリンが撒かれた車両は廃車にはならず、除染された後は運用され続けた。

駅や車両の除染が終わったのは深夜になってからだった。もっとも被害が大きかった小伝馬町駅では、日付が変わった1時05分に洗浄が完了する。

3時30分、日比谷線は運転再開となり、各駅に停車していた車両が、車両基地など所定の滞泊場所に移動された。

そして、始発前に、安全のために試運転列車を走らせて、翌日には営団地下鉄全線で始発から通常通りの営業運転が開始された。

地下鉄サリン事件は、死者13名、負傷者約6300名という甚大な被害を出しており、鉄道史に残る大事故と比較しても、負傷者の数が桁違いに多い。しかし、テロリストの意図に反して、地下鉄の輸送混乱は1日で収束したのである。

事件後はテロ対策が実施された。警察官、職員、警備員が駅構内、車内、車両基地の警備を行い、防犯カメラも設置された。乗客も不便を強いられることになる。自販機やコインロッカーの使用が止められ、ゴミ箱は2年間も撤去された。いずれの対策もテロを完全に防止するものではないが、殉職者まで出した営団地下鉄の意気込みは伝わってくる。

追いつめられるオウム真理教

地下鉄サリン事件の2日後、日本中が注目する中、警察はオウム真理教を強制捜査した。彼らの本丸は山梨県上九一色村（当時）の教団施設で、そこには「サティアン」と呼ばれる建物がたくさんあり、白い服に身を包んだ出家信者たちが無数に住んでいた。

捜査員は、防毒マスクを装着し、鳥かごに入れたカナリアを持って、教団施設に踏み込んでいく。もはや誰の目にも明らかだった。松本サリン事件も、地下鉄サリン事件も、オウム真理教による仕業だったのである。

オウム真理教とは、当時、世間を騒がせていた新興宗教である。修行を活動のベースにしており、当初は「まじめな宗教」と持ち上げる宗教評論家もいたが、出家した信者は家族も会うことができず、坂本弁護士一家殺害事件などの関与も疑われて、次第に社会問題になる。それでも、信者数は最高で1万人を超えたという。

オウム真理教は、世間から批判を受けるようになると、教団幹部が積極的にマスコミに登場して、自らの主張を展開した。一見、マスコミは公平な扱いをしたように見えるが、危険なカルト教団の詭弁が公共の電波で流れ続けたのだ。

オウム真理教の教団施設が強制捜査されたことで、ようやくカルト集団の危険な実態が明らかになる。上九一色村にある「第7サティアン」は、化学兵器の工場であることが判明した。もはや、オウム真理教の自己弁護に耳を貸す人などいない。この日からは教団幹部も次々に逮捕されて、いよいよオウム真理教は追いつめられた。

世間では、教祖の麻原彰晃が逮捕されるXデーが取りざたされるが、依然として、オウム真理教は不気味だった。教祖を守る信者たちは、捜査の攪乱を狙い、さらなる鉄道テロを仕掛けたのである。それも、混雑の激しいゴールデンウィークの真っ只中に。

4月30日、信者たちは、新宿駅東口の男子便所に青酸ガス発生装置を仕掛けた。このときは、塩化ナトリウム（塩）を使うべきところに砂糖を使い、テロは未遂に終わっている。間抜けな話だが、やっていることを考えれば笑えない。

続いて5月5日、今度は新宿駅の「メトロプロムナード」にある男子便所を狙い、個室に備えつけられているゴミ容器内に再び青酸ガス発生装置を仕掛けた。メトロプロムナードは新宿駅の東口と西口をつなぐ地下通路で、普段から人通りが激しく、この通路の下には丸ノ内線の地下ホームもある。

しかし、この日のテロも未遂に終わった。誰かがゴミ容器を開けて、中にあった袋を取り出し、それを清掃作業員が便所の入り口に移動させたのだ。そして、人通りの多いところで発火したのである。

彼らの意図通りであれば、装置の中で発火し、化学反応により大量の青酸ガスが発生するはずだった。裁判記録によれば、約1万2000人の致死量に相当する量だったという。青酸ガスは、ナチスドイツがユダヤ人の虐殺に使用した化学兵器であり、新宿駅の地下がホロコーストと同じ状態になるところだったのだ。誰かが個室便所のごみ箱を漁って、このテロが偶然にも回避されたかと思うと、慄然とするものがある。

話が前後するが、オウム真理教は地下鉄サリン事件の5日前にも鉄道テロを企てている。この日は、霞ヶ関駅に放置されたアタッシュケースから白い煙が上がった。このアタッシュケースには噴霧装置があって、生物兵器であるボツリヌス菌毒素を散布しようとしたのだ。幸いにも、液体の中にボツリヌス菌は含まれておらず、テロは未遂に終わっている。

「ボツリヌス毒素は、地上最強の毒素といっても過言ではない。サリンの千倍の毒性を持っている。」（石倉俊治『オウムの生物化学兵器』）

オウムが培養したボツリヌス菌がどの程度のものか定かではないが、これが本当に散布されていたとしたら、地下鉄サリン事件よりも大きな被害が出たかもしれない。

医者と地下鉄職員

オウム真理教の幹部が次々に逮捕されても、地下鉄サリン事件の全容はすぐには明らかにならなかった。教団によるテロ事件であることは明らかだが、実行犯の特定すらできなかったのだ。しかし、オウム真理教の「治療省」大臣である林郁夫の自供により、突破口が開かれた。

中目黒方面の日比谷線でサリンを撒いたのは、上野駅から乗り込んだ林泰男だった。林泰男は、電車が秋葉原駅に到着した時に、先端を尖らせた傘でサリンが入った袋に穴を空けた。

この男は、他の実行犯よりも1つ多い、3つのサリンの袋を持っており、大きな被害を引き起こした。

日比谷線の北千住方面の実行犯は豊田亨である。豊田は、東京大学に現役合格し、理学部から修士課程、博士課程まで進み、学生寮で一緒だった仲間には「必ずノーベル賞を取る」と意気込みを見せる青年だった。また、少林寺拳法部で稽古を続けた文武両道の男でもある。

そんな豊田も、麻原彰晃の著書を読んだのがきっかけでオウム真理教に入信した。素粒子論を学んでいた豊田だが、「修行によって生死を超える」、「死後の世界」などが書かれた本に関心を持ってしまったのだ。そして、麻原や教団幹部に出家を勧められ、オウム真理教の出家信者になり、5年後には地下鉄サリン事件の実行犯に指名された。

事件の当日、豊田は送迎役の運転する車に乗り、午前7時ごろに中目黒駅に到着した。この駅では、朝は多くの乗客が東急東横線から日比谷線へと階段を使わずに同じホームで乗り換える。当駅始発の日比谷線であれば、座っていくことも可能だ。

この日の豊田も、当駅始発の東武動物公園駅行に乗り込んだ。中目黒駅は地上ホームだが、駅を出発した電車はすぐに地下に入っていく。席に座った豊田は、鞄を床に下ろして、新聞紙で包んだサリン入り袋を取り出し、自分の足と鞄の間に置いた。電車は地下に入り、最初の停車駅である恵比寿駅に到着する。その直前、豊田は先端を尖らせた傘でサリンの袋を突き破った。

豊田を筆頭に、オウム真理教の幹部には有名大学の出身者が多い。

早稲田大学理工学部の修士課程まで進んだ廣瀬健一は、麻原彰晃の「生死を超える」「超能力秘密の開発法」を読んでオウム真理教に入信した。後者の本は、足を組んだまま飛び跳ねる麻原の写真を「空中浮遊」というものである。

物理の法則に反する幼稚な話だが、早稲田大学で物理学を修めた廣瀬は魅了されてしまった。彼は、「バーンという爆発音と共に、尾てい骨から熱いドロドロしたものが上昇していく感覚」（江川紹子『魂の虜囚』）を体験して、麻原の著作にある「クンダリニーの覚醒」と同じだと感じ、麻原を信じてしまう。卒業後、オウム真理教の出家信者になり、地下鉄サリン事件の実行犯に指名された。

事件の日、廣瀬は池袋駅7時47分発の荻窪駅行の丸ノ内線に乗り込んだ。そして、犯行を実行するため、ショルダーバッグからサリン入りの袋を取り出そうとしたとき、包んでいた新聞紙が音を立てたため、前に立っていた女子中学生が振り向きそうになった。

廣瀬は思わず手を止めて、電車が駅に到着すると耐えられずに降りたが、「これは救済なんだ」と自分に言い聞かせて、後方の車両に移って乗り直してしまう。そして、サリンが入った2つの袋を床に落とし、口の中でマントラを唱えながら、電車が御茶ノ水駅に到着したときに先を尖らせた傘で突き刺した。

丸ノ内線の反対方面の実行犯は、横山真人だった。この方面では死亡者が出なかったが、横山の死刑判決は確定する。

不幸中の幸いではあるが、地下鉄サリン事件で使われたサリンは純度が約30％で、精製されたものではなかった。警察の強制捜査を警戒していた麻原は、地下鉄サリン事件の前にサリンを処分しており、地下鉄サリン事件のときには、純度の低いサリンが少量生産されるに留まった。大量の負傷者は出したものの、サリンが撒かれた割には死亡者が少なかったのはそのためである。

そして、千代田線の実行犯が、慶応大学医学部出身の心臓外科医である林郁夫だった。林郁夫は、海外での勤務経験や、石原裕次郎の手術チームの一員にもなった経歴を持ち、当時48歳で、若者の多い教団の中では教祖の麻原よりも年長である。

彼は、6人兄弟の5番目で、開業医の父と薬剤師の母の間に生まれた。妻として迎えた人も麻酔医である。彼は心臓外科医として人間の生き死にに関わっていたが、生命に対する医療の限界を感じて、阿含宗の前身である観音慈恵会を経て、オウム真理教に入信する。

出家信者になり、教団内部の医療機関で働いたが、記憶を消失させる「ニューナルコ」を施すなど、徐々に犯罪行為にも手を染めていく。最初は違和感があったというが、麻原を「絶対的存在」と信じて突き進み、ついには麻原に指名されて地下鉄サリン事件の実行犯になった。

林郁夫は、電車が新御茶ノ水駅に到着する直前で、先を尖らせた傘で、床に置いたサリンの袋を突き刺した。このサリンが、霞ヶ関駅で助役2名の命を奪ったのである。

千代田線、日比谷線、丸ノ内線が交わるところに霞ヶ関駅があり、ここには警察庁を含めた官庁が集中している。オウム真理教は霞ヶ関駅を狙ったのだが、林郁夫のサリンだけが目的の場所で死亡者を出した。しかし、亡くなった2名は、彼らが目の敵にしていた公安警察でもなければ、官庁の職員でもない。林郁夫と同年代の営団地下鉄職員だ。

犯行を終えた林郁夫らは、報告のために上九一色村の教団施設に戻り、麻原の指示により「グルとシヴァ大神とすべての真理勝者によって祝福されポアされてよかったね」というマントラを1万回も唱えた。罪の意識を封じ込めさせ、この殺人は救済なのだという意識を徹底的に植えつけたのだ。

しかし、麻原の意思に反して林郁夫は自供し、その他の弟子たちも裁判で次々に事件について供述を始める。彼らはオウムの呪縛から解放されたが、当然ながら死刑は免れない。それでも、地下鉄サリン事件の実行犯の中で、林郁夫だけが無期懲役になった。この量刑の差が妥当かどうかはともかく、地下鉄サリン事件の全容を「自首」したことと、深く反省していることが認められて、検察側の求刑も、裁判所の判決も、無期懲役に留まったのである。

判決文にある林郁夫の供述内容によると、「乗客の安全や電車の正常な運行の確保という強い使命感から、文字通り身を挺して殉じた地下鉄職員の崇高な行動と、本来医師として人の生命や健康を守るべき使命を与えられているはずの自分が引き起こしたおぞましい無差別殺人行為を比べ、あまりの落差の大きさに雷を打たれたような強い衝撃を受け、麻原のまやかしに気付き、自分のとった行動が誤っていたと確信し」、事件について語ることを決意したという。

林郁夫は、一面識もない地下鉄職員2名を、一面識もないまま殺害した上に、「ポアされてよかったね」と1万回も唱えたのだ。そして、その2名の命によって目を覚まし、深い悔悟の思いから、裁判が中断するほど法廷で激しく号泣した。死刑を免れた林郁夫だが、彼が犯した罪は、悔いても悔いても取り返しのつかない、あまりにも残酷なものである。

第2章　国鉄とＪＲの裏面史

「通勤五方面作戦」で東海道本線から分離された横須賀線電車

Episode: 06

【下山事件】

初代国鉄総裁は轢死体になった

あまりにも多くの命が奪われた第二次世界大戦。国力を総動員して戦った日本だが、国土は焼かれて、悲惨な敗戦を迎えた。無条件降伏により、アメリカ軍を主体とした連合軍に占領されて、連合国軍最高司令官総司令部（ＧＨＱ）の占領統治を受けるのである。

この戦争により、日本国有鉄道は約２割の車両を失った。残った車両も、４～５割は老朽、破損、故障等の不良車両である。程度の良い車両も、（客車の１割近くに相当する）約９００両が連合軍専用列車として接収された。天皇や皇族の御料車も、軍司令官の専用列車として召し上げられたのである。

占領軍の主体はアメリカ第８軍である。この軍の司令官専用列車はオクタゴニアン号と名づけられて、食堂車と展望車には御料車が使用された。マッカーサー自身は鉄道が苦手で利用しなかったものの、オクタゴニアン号の初運転にはマッカーサー夫人が乗り込み、日光へ

東京駅にあった連合軍専用案内窓口

の旅行に利用している。

ちなみに、日光の有名ホテルも保養施設として接収されており、総司令官の夫人としても安心できる旅行だった。もちろん、オクタゴニアン号は公務（軍務）にも使用されており、アイゲルバーガー中将の地方視察などでも利用された。

呉や広島には英連邦軍もいる。彼らのレクリエーション用としても、曜日指定で呉から東京、伊東、京都、別府に向かう専用列車が走った。道路が発達していない当時は、鉄道が重要な輸送手段であり、軍隊を輸送するにも、保養で各地を訪ねるにも、鉄道は不可欠だったのだ。

彼らは、専用の車両で日本を巡りながら、戦勝国としての実感を噛みしめたのではないだろうか。良質な石炭が不足していたが、連合軍専用列車は優遇され、清掃や車両の整備でも厳しい注文をつけられた。列車の運行上でも、連合軍の要望によってダイヤが変更されることがあったほどだ。

終戦直後の鉄道は、連合軍の輸送だけでなく、膨大な復員兵の輸送、朝鮮半島出身者の帰還輸送も担い、民間人も大陸から大量に引き揚げてくる。それでなくても鉄道車両は不足しており、一般の営業用に利用できる車両は限られた。当然ながら混雑は激しく、乗客は窓からでも客車に乗り込み、炭水車、連結器や屋根の上にまで上がって乗車した。

一方、連合軍専用車両は運用効率が低く、激しい混雑になることもないが、日本人が乗ることはできない。これが敗戦国の辛い現実である。それでも、連合軍からは鉄道利用に対して費用が支払われており、収入の点から見ると、連合軍は「鉄道にとって最上級の顧客」だったという（日本国有鉄道『鉄道終戦処理史』）。

戦争の影響は国鉄職員の数にも影響した。戦死者により減ったと思われるだろうが、復員した元軍人や、満鉄からの引揚者などを受け入れたことで、戦前の2・7倍の61万人にまで膨れ上がったのだ。

後に「鉄道王国」と呼ばれる日本は、このような状態からスタートしたのである。

国際情勢によって変わるアメリカの占領政策

ＧＨＱは日本軍だけでなく財閥も解体したが、一方で、労働組合の結成など、労働者の権利を保障する法律を制定させて、非合法組織だった共産党も合法化させている。民主化を強く推進させる占領政策だったのだ。こうした背景もあり、国鉄には巨大な労働組合が誕生する。

一方、世界では新たな対立が顕在化していた。中国では、共産党が国民政府との内戦に勝利し、朝鮮半島では、１９４８年に韓国と北朝鮮の２つの国家が誕生する。アジアで共産主義の国が出現したのである。

この国際情勢によってアメリカの対日占領政策も大きく変わる。資本主義の陣営として日本を弱体化させるわけにはいかなくなり、共産主義勢力が大きくなるのも好ましくなかった。労働組合も、共産党の母体になるため気をつけなければならない。

そのような中、国鉄を運輸省から切り離し、公共企業体としての国鉄を誕生させたのである。のちに新幹線を生み出し、その名をとどろかせる国鉄だが、決して華やかな門出ではなかった。

日本の財政赤字解消のため、公務員では50万人が首切りになり、国鉄でも９万５０００人が整理されることになった。つまり、国鉄の誕生は人員解雇の布石だったのである。

労働者たちに奪われた電車

国鉄だけで9万5000人もの職員が解雇される。当然ながら、労働者たちは粛々と従ったわけではない。その中には、戦時中、空襲や機銃掃射を受けつつ、命を懸けて鉄道を守ってきた人たちもいる。戦争で家族や財産を奪われた人たちもいる。そんな彼らが、非情にも政府から職を追われたのだ。

彼らが首を切られる前の1948年、公務員のストライキは禁止になり、国鉄のストライキも禁止になった。GHQの後押しで労働者保護が進められたが、急に押さえつけるような政策に変わったのだ。そして、国鉄当局は新しい作業ダイヤ（交番）を作り、人員削減の準備を始めたのである。

新交番制の導入は大量解雇の前哨戦であり、簡単には進められない。東神奈川車掌区では車掌たちが反旗を翻し、これに東神奈川電車区も呼応した。この2つの現場は合同でストライキに突入する。

国鉄のストライキは違法であり、夕方には警官隊が現場に到着するが、ストを応援する外部の人間も集ってきて「乗客大会」なるものが開催された。共産党などの組織関係者が集まったと思われるが、この「乗客大会」でストライキの支持が決議されて、さらに1人が立ち上がって提案する。

「争議は明日あさってもやれ、しかし今日はこの人々を送り返すための電車を一台動かしてくれ、そして明日あさっても皆のたのむときには出してくれ、その代り資金カンパでお礼するぞ」

この呼びかけでカンパが集められ、彼らの要望通りに、労働者たちの手で横浜線の電車が2本運行された。国鉄当局が管理しない、指令による指示もない、労働者たちだけで動かした電車である。

翌日の夜も、京浜東北線の赤羽行電車と、横浜線の八王子行電車が労働者の手によって運行された。これを阻止しようとする国鉄当局は、赤羽行電車が鶴見駅構内に入った時に電源を遮断したが、電車には大勢の支援者が乗っており、まもなく電源が再投入させられた。田町駅に到着した時にも電源が遮断されたが、これも組合員の協力によって再投入された。

電車の前面には「人民電車」と書かれて、赤旗まで掲げられた。共産主義の国家が周辺に誕生する中で、日本でも革命を感じさせるような事態である。この電車は、東京駅、上野駅のターミナル駅をも通って、終点の赤羽駅まで運行された。

労働者たちが動かした人民電車

さらに、赤羽駅を折り返して、再び東神奈川方面に向けて運行を開始する。

復路の上野駅や東京駅ではアメリカ軍の憲兵などがいて、さすがに赤旗は取り去られたが、そのまま運行は続けられて、東神奈川の車庫に入るまで走り切ったのである。

占領軍がいる日本で、国鉄当局にも逆らい、首都を貫くように人民電車は運行されたのだ。翌朝も、人民電車は東神奈川駅を発車したが、鶴見駅で電源が遮断されて、そこに大勢の鉄道公安官が投入されると、ようやく終わりを迎えたのである。

指令もなく、組織的な規律もない中、人を乗せて電車が走った。人民電車を動かした人にとっては快挙でも、こんな危険な電車を運行することは、主義主張に関わらず許されるものではない。もとより、これは労働組合が組織的に行ったものではなく、下部の分会によって実行されたものだった。

このとき、国鉄労働組合では共産党勢力と反共勢力が内部対立を深めていた。人民電車の一件も、反共勢力は「つねに暴力革命への好機をうかがっている日本共産党の民族意識なき極左戦術」が惹起したものだと批判の声明を出す。人員整理を前にしても、違法なストを辞さないとする勢力と、それに反対する勢力が衝突する。

一枚岩にならない労働組合、国鉄の人員整理を迫るアメリカ、その意向に従う国鉄当局。初代総裁の下山定則は、そんな情勢下で姿を消したのである。

初代国鉄総裁の失踪

下山定則は、東京帝大から鉄道省に入省した人物である。鉄道を愛し、運転畑を歩んできた男だが、総裁として彼に課せられた使命は、多くの鉄道マンの首を切ることだった。

そして、公共企業体の国鉄が誕生してから1ヶ月後、下山総裁のもと、ついに職員の首切りが始まる。１９４９年7月４日の月曜日、国鉄本社では第一次整理対象者の３万７００人が発表されることになった。ちなみに、国鉄本社は東京駅の丸の内北口、現在の「丸の内オアゾ」の場所に存在した。この場所は、国鉄の民営化後もＪＲ東日本の本社として使用されたが、しばらくしてＪＲ東日本の本社は新宿に移転し、この土地は国鉄債務の肩代わりとして売却されている。

その国鉄本社で、午前11時から各鉄道局別に対象人数と整理対象者についての説明が始まり、正午には一旦終了した。整理対象の個人名が発表されるのは15時30分からである。

前代未聞の大量解雇である。労働組合の暴発が懸念されたが、まずは大きなトラブルもなく静かに始まった。しかし、国鉄幹部は総裁室に集まり、下山総裁に避難を進言する。これには下山が反発した。

「自分が諸君といっしょに戦わないでどうするのだ」

それから30分後、結局、下山は国鉄本社を去る。

ここからの下山総裁の行動は不可解だった。まず、大西運転士の運転で首相官邸に向かい、増田官房長官に一次整理者発表の経過報告を行う。報告を受けた官房長官は、吉田茂首相にも報告するべきだと考え、下山とともに首相のいる目黒の外相官邸に車で向かった。

2人が外相官邸に到着すると吉田首相は他の人と会っている最中で、下山総裁は10分だけ待ったが、首相と会うことなく人事院に向かう。その人事院にも長く留まらず、途中で薬局に寄って整腸剤を買い、千代田銀行（三菱銀行）に行って私金庫を開けさせて、14時にようやく国鉄本社に戻っている。

　わざわざ首相のところに行ったが、首相とは会わず、特に急ぐ用事もなさそうなのに早々に去っており、落ち着きなく動き回っている様子である。何の目的があったのか判然としない。

謎の死を遂げた下山総裁

　国鉄本社に戻ると、すぐに職員局長に追い返されて、そのまま車に乗せられてしまった。
　15時30分から一次解雇者の氏名が発表されるため、職員局長は下山総裁を逃がしたのだ。下山総裁だけではなく、この発表が終わると国鉄の部課長は逃げることになっていた。
　それから、アポもなく警視庁総監を訪ね、次に法務長官に会いに行くが、どちらも親しい間柄ではなく、何を話すでもなく去っている。精神的に追いつめられて放浪しているのか、身の危険を感じて警視庁総監を訪ねたのか、ともかく、この間に大量の人員解雇が進められた。

下山総裁は、16時10分に再び首相官邸に姿を現した。そこに20分ほどいたが、今度も吉田首相に会えなかった。首相に会う目的があるならば、目黒の外相官邸に行ったときに待てば良かったのである。何のために首相官邸を再訪したのか分からない。

それから17時頃に再び国鉄本社に戻り、有楽町の交通協会ビルに寄り、東京駅で国鉄公安局長と会った。国鉄公安局は現在の鉄道警察にあたり、当時は国鉄内部の組織である。

国鉄公安局長と会った時には、他の人に出したアイスクリームを食べてしまったり、お茶を飲んでしまったりと、変わった行動を見せている。冷静でないことは確かだろう。

そこから日本橋の白木屋（現在のコレド日本橋）で車を降りて、40分ほど姿を消している。この40分間に何をしていたのか謎だが、最後は有楽町の交通協会ビルで弁当を食べて帰宅した。

翌日の7月5日、普段と同じように、下山は大西運転手の車で自宅を出た。この後、大西運転士に指示して、東京と神田の間を行きつ戻りつする。車が国鉄本社に近づいたときには、

「買い物をしたい」と言って日本橋の白木屋と三越に向かわせたが、いずれも開店前だったため通り過ぎる。そこから、なぜか神田駅に向かい、そのまま折り返して国鉄本社の前に戻るが、今度は「三菱銀行に行ってくれ」と言って、東京駅の丸の内南口の方にある千代田銀行（三菱銀行）で止めさせた。ここで私金庫から金を取り出し、「今から行けばちょうどよいだろう」と言って、日本橋の三越に行き、車を降りて店内に入った。そのまま、下山総裁は戻らなかったのである。

「総裁は非常に情報好きであった」

副総裁の加賀山之雄は、下山が情報屋に会っていたようだと、この数年後に証言した。その情報をひけらかせて加賀山などを驚かせていたのだ。

日本全体も混乱期だが、国鉄も大きな変動の只中にある。ＧＨＱの意向、内部対立のある労働組合の動き、その労働組合に影響を及ぼす共産党について、国鉄のトップとして情報を集めていたのだ。大西運転士によれば、下山総裁が三越で姿を消すのも、前日に白木屋で40分ほど車を降りたのも、珍しいことではなかったという。誰かに会うため、このような行動を繰り返していたのだ。

下山総裁が三越に入った後、そのまま大西運転士は車で待っていた。一方、国鉄本社には何の連絡も入らず、各方面に連絡をしても下山の居場所が知れない。一次整理解雇を発表した後だけに、総裁の身に危険が及んだ可能性が高かった。時間とともに、行方不明は決定的になる。

このことは、国鉄から警視庁や法務省などに報告されて、占領軍にも伝えられた。それを受けた警視庁は密かに内偵を始めたが、国鉄内の動きがマスコミに察知されて、15時30分、ついにＮＨＫラジオの臨時ニュースで下山総裁の失踪が公表された。

轢死体となった下山総裁

山手線が通る田端駅周辺は、今も昔も鉄道の一大拠点である。現在の田端には、新幹線が並ぶ車両センターがあり、貨物列車や寝台特急を牽く電気機関車が留置され、隣接する尾久車両センターには寝台特急の客車が並んでいる。北に向かう新幹線から見下ろすと、この広大な車両センターの姿に圧倒される。田端は車両基地だけでなく、ＪＲ東日本の東京支社や東京総合指令室もあり、知られざる東京の指令塔である。

機関車の多い田端は、貨物列車にとっても重要な拠点で、鉄道貨物が衰退する以前は多くの貨物列車が田端操車場から発着していた。常磐線の場合、上野を出発した旅客列車は日暮里駅から大きく右に曲がって三河島に出るが、貨物列車は、田端操車場から直線で三河島に出られる。線形的に見ると、田端は常磐線に出やすい場所にあるのだ。

下山総裁が失踪した１９４９年7月5日、正確には日付が変わった6日の0時10分、予定よりも遅れてＤ51の蒸気機関車が田端操車場を出発した。機関士たちの出場が遅れたのである。この列車は常磐線の下り八六九列車で、水戸へと向かう貨物列車だが、連結していた49両の貨車は空車だったので、速度を上げやすく、遅れを取り戻しながら走行した。

常磐線は、北千住から東武線の線路と並行して、北千住の先にある荒川では少し離れて鉄橋を渡っている。荒川を渡ると、右側を走る東武線は大きく左に曲がり、左側を走る常磐線は右曲線になり、東武線が常磐線の上をまたいで分かれていく。常磐線の下り列車から見ると、右カーブの直後に陸橋をくぐるため、とても見通しが悪い場所だ。

下り貨物列車の八六九列車は、この現場を時速40キロで通過したが、そのとき、機関助手は「バラスか何か飛んだ様な音」を聞いた。

その6分後、最終電車の松戸行二四〇一Ｍが、その正体を知ることになる。最終電車が東武線の陸橋をくぐり、綾瀬駅に向かう直線区間に入ったときに、運転士が轢死体のようなものを目撃したのだ。

下山総裁を轢いた機関車の捜査

駅に到着後、運転士から駅員に異常が伝えられた。現場に駅員らが駆けつけると、たしかに轢死体が80メートル以上にわたって散乱している。右足首は陸橋から近いところにあり、そこから綾瀬駅の方に向かって、頭部が50メートル以上、胴体が80メートル以上も運ばれていた。これが下山総裁の遺体だったのである。

自殺したのか、殺されたのか。それすら判明せず、捜査は難航した。

しかし、半年後には捜査報告（白書）が出されて、この事件は終止符が打たれる。ちなみに、これは非公表の文書だったが、なぜか週刊誌に流出した。

その捜査報告によれば、下山総裁は9時30分頃に三越に入店し、売り場を歩き回り、1時間後の10時30分頃には歩道でライターにオイルを入れさせている。しばらくすると、銀座線の車内で乗客の足を踏み、浅草駅で靴を磨かせて、13時43分に東武線の五反野駅に姿を現した。この時点で、三越の店内に消えてから4時間が経っている。

下山総裁は、五反野駅の駅員に「旅館はないですか」と尋ねている。当時の五反野は人も少なく、観光客の来るところでもないが、駅前には、働く人の宿泊施設やラブホテルとして使われる末広旅館があった。

下山総裁は、「6時ごろまで休ませてくれ」と言って旅館に上がった。旅館の女将も、「おひとりで、めずらしいですね」と、女を連れないで来た下山を珍しがった。下山自身も、自分のような年配が女を連れ込むと思うかと尋ねており、ここを「連れ込み宿」と承知で利用している。

午後5時30分頃、旅館を出た下山総裁は、轢断現場の方に向かって歩き出した。ちなみに、現場までは歩いていける距離だが、身を投じたのは、それから6時間以上も後である。

自殺か謀殺か

下山は、一次整理者の発表の日には落ち着きのない行動をして、その翌日には国鉄本社に出勤せず、自らの意思で三越の店内に消えた。遺書はないが、捜査報告の内容は暗に自殺を示唆していた。

しかし、これは謀殺であるという説が、当時から現在まで根強く続いている。捜査報告には載せられていないが、三越の店内に消えた後、下山総裁は3人の男たちと一緒にいるところを目撃されているのだ。

また、遺体の状態からは、睾丸を蹴り上げられ、暴行を受けた形跡もあった。これについては、法医学界の中でも意見が分かれて、他殺説と自殺説で対立することになる。他殺説に従えば、下山総裁は三越から連れ去られて、別の場所で暴行を受けた後に殺されたことになる。自殺に見せかけるために、貨物列車に遺体を轢かせたというわけだ。

そうなると、五反野駅で降り、旅館で休み、現場まで歩いたという下山総裁の目撃情報と合わなくなる。逆に、これらの証言によって、自殺説は説得力を持つのだ。

しかし、新聞記者が追跡調査をしてみると、警察は作為的に証言を捻じ曲げていた。実際に目撃者が語ったことを総合すると、その人物の風貌は下山総裁とは異なっていたのだ。つまり、自殺に見せかけようとする犯人が、替え玉を使ったというのである。

自殺説を揺るがす材料として、もう1つ妙なものがある。

失踪の直前、下山総裁は千代田銀行に立ち寄り、私金庫から現金を取り出している。情報屋に金を与えるためだと思われるが、問題は金ではなく、この私金庫に残された春画だった。

言うまでもないが、これは人には見られたくないもので、今の言葉で言えばポルノである。これから自殺しようとする人ならば、必ず処分するだろう。

殺人だとするならば、いったい誰が彼を殺したのか。この謎解きに、ジャーナリストや推理小説家の松本清張などが挑んでいる。

下山総裁を轢いた下り八六九列車の直前には、「ヤンキー・リミテッド」という連合軍専用列車が走っていた。今から考えると壮大だが、横浜から常磐線経由で北上し、青函連絡船に航送されて札幌まで走る長距離列車である。松本清張は、この列車が下山総裁の遺体搬送に使われたとみて、アメリカ占領軍の謀略だと推理した。占領軍の列車には捜査も及ばず、そのため謀略を行うことは可能だというのだ。

下山総裁がアメリカの思うように行動しなかったのか、もしくは労働組合の謀略であると見せかけたかったのか、何らかの理由で下山総裁を殺したという（いずれにしても、他殺説は動機が難しい）。

一方で、近年になって新しい情報が出てきた。戦時中に陸軍の物資調達を担い、諜報などの特務関係を行っていた会社、亜細亜産業の関与が強く疑われるのだ。この会社は三越前にあり、戦後も貿易会社として活動している。ただし、普通の会社ではなく、政界や右翼などと深いつながりがあり、いわくのある会社だった。

アメリカ占領軍は、日本軍を解体させ、戦争協力者だった人たちを追放したが、アメリカ軍の特務機関は、旧日本軍の工作員を利用した。このような二面性が、アメリカ軍による謀略説を生む背景となる。

亜細亜産業が注目されたのは、その社員の孫にあたるジャーナリストの柴田哲孝氏が、追跡を行ったからである。彼は、親戚たちの証言などから調査を進め、知られざる事実を明らかにした。三越の店内に入った後、下山総裁は3人の男と一緒にいるところを目撃されているが、その1人は亜細亜産業の社員だったのだ。

また、五反野の旅館は、柴田氏の祖父、つまり亜細亜産業の社員も利用していた。女将から年賀状が送られてくるほど浅からぬ関係だったという。亜細亜産業が謀殺に関わっていたとすれば、五反野の旅館の女将に協力させて、下山総裁の替え玉を動かすことも可能だろう。自殺説を支えた女将の証言も根底から揺らいでしまうのだ。

謀殺だとすると、容疑が疑われるのはアメリカ占領軍だけではない。10万人近くの人員整理をする国鉄だが、巨額な利権に群がって汚職も横行していたらしい。正義感を持った下山総裁が、汚職と人員解雇の矛盾を看過できず、そのために殺されたというのだ。

アメリカ占領軍か、国鉄の利権に関わる関係者か、もしくは両者によって謀殺されたのか。それとも、ストレスに耐えきれず、自ら命を絶ったのか。いずれの説にも疑問は残る。あまりにも長い年月が経ち、もはや我々には想像することしかできない。どちらにせよ、国鉄はここからスタートしたのである。

下山事件の後

この年は、その直後に三鷹事件、松川事件という不可解な事件が立て続けに起きており、下山事件との関連が疑われる。

下山事件から10日後に起きた三鷹事件は、無人列車が暴走して6名が死亡した事件である。現場は中央線の三鷹駅構内で、車両は戦時中の63型電車だった。この事件は、共産党による組織的犯行が疑われて、元国鉄職員が次々に逮捕された。ちなみに、彼らは大量解雇された9万5000人に含まれる人たちだ。

被告人の中には、1人だけ（共産党シンパだが）共産党員ではない男がいたが、それ以外は共産党員である。

しかし、裁判では共産党員たちが無罪になり、共産党シンパの男だけが死刑判決を受けた。党員でないために共産党の援護も受けられず、彼だけが取り残されたのだ。この孤独な男は、無罪を主張したものの、途中で罪を認めるなど、主張も一貫しなかった。裁判官の心証も悪かっただろう。それでも、直接的な証拠がなく、冤罪の可能性がある。結局、彼は死刑執行前に獄死してしまった。

福島県の東北本線で起きた松川事件は、線路の継ぎ目板が外され、犬釘が抜かれるという列車妨害である。列車が脱線転覆して、乗務員3人が亡くなった。この事件では、労働組合の組合員が逮捕されるが、裁判では全員が無罪になり、現在でも真相は闇の中である。

これらの事件は、真相は分からなかったものの、世間が共産党や労働組合を危険視するきっかけとなった。結果から見ると、共産党の謀略というよりは、共産党を排除するための謀略のようにも見える。ともかく、国鉄にとっては、人員整理への追い風となったのだ。

1952年には、GHQの占領統治が終わり、日本は主権を回復した。大きな事件を経た国鉄は、下山総裁を失ったものの、戦後復興とともに大きく発展していくことになる。

Episode: 07

【弾丸列車の夢】

東京発北京行の新幹線

東海道新幹線は、１９５９年4月20日に着工し、１９６４年の10月1日に開業した。東京オリンピックに間に合わせるため、わずか5年で開業したのである。

新幹線には、技術者の島秀雄と国鉄総裁の十河信二という功労者がいる。だからと言って、彼らが彗星のごとく現れて実現させたものでもない。新幹線には前史があり、その萌芽は満鉄（南満州鉄道）に見ることができる。日本が誇る新幹線を考えるには、時代を遡って満鉄に目を向けなければならない。

日露戦争が終わり、ポーツマス条約（１９０５年）によって日本は旅順～長春の満鉄の経営権を手に入れた。多くの血が流れた日露戦争で、その講和内容に鉄道の経営権が含まれるのは違和感があるだろう。しかし、満鉄には土地があり、日本は大きな権益を手に入れたのだ。ソ連の南下を恐れる日本にとって、満州への進出は大きかった。日本は、満鉄の土地に学校や病院などを建設して、近代都市を誕生させた。

しかし、未知の土地は難しいもので、満州の情勢は日本の思い通りにはならなくなる。それを象徴するように、1928年には張作霖（ちょうさくりん）が列車ごと爆破された。今の言葉で表現すれば、鉄道テロによる暗殺だ。

張作霖は満州を支配していた軍閥で、蔣介石（しょうかいせき）が率いる国民党軍と戦い、日本とは利害が一致した。しかし、次第に両者の関係が悪化して、張作霖を排除しようという意見が日本で持ち上がる。そして、関東軍参謀の河本大作が謀殺したのである（異説もあるが、河本が関東軍を使って謀殺したというのが定説だ）。

謀殺の場所は、京奉線が満鉄と交差するところだった。京奉線を走っていた張作霖の列車は、走行中に爆破された。爆破の威力は大きく、交差する満鉄の陸橋も吹き飛ぶほどだったが、張作霖は即死を免れる。しかし、その1時間後には絶命し、謀殺は完遂されたのである。

満州の情勢は、張作霖の謀殺に留まらず、様々な事件によって悪化していった。そして1931年9月、ついに日本の運命を変える決定的な事件が起きた。満鉄の路線が爆破されたのだ。

この爆破は、張作霖の爆破事件とは異なり、その直後に急行列車が通過するほどの小規模なもので、満鉄への列車妨害とは考えにくかった。しかし、関東軍は中国軍による犯行とみなして、一気に満州全土を支配した。この後、満州は独立国家となる。

　この事件は柳条湖事件と呼ばれ、いわゆる満州事変の発端になった。ちなみに、事件は日本軍が自作自演したものだ。

満鉄が実現させた「あじあ号」

　満鉄は満州国の礎であり、同時に、その路線は謀殺・謀略の舞台にもなった。そのため、「満鉄」には複雑な響きがあるが、日本の鉄道史の中でも重要な役割を担っている。

　満州をめぐる情勢が緊迫する中、満鉄は１９３４年に最高時速１２０キロ（１３０キロという資料もある）の「あじあ号」を誕生させている。現在では最高速度１２０キロの列車などと珍しくもないが、「あじあ号」は蒸気機関車である。この時代に最高速度１２０キロというのは、鉄道先進国のヨーロッパにも劣らず、日本の技術力を示すものだった。

　満鉄の線路幅は、もともとソ連と同じ規格で広軌だったが、まもなく（現在の新幹線と同じ）標準軌に改軌された。いずれにしても、本土の狭軌よりは広くて、高速鉄道に向いていたのだ。本土ではなく、満鉄だからこそ「あじあ号」は実現したわけだ。

120キロもの速度を誇ったあじあ号

もう少し詳しく解説しよう。蒸気機関車は、シリンダーの往復運動を回転運動に変えて走行する。その往復運動の速さには限界があるため、動輪の回転数にも上限ができてしまう。そして、同じ回転数ならば、動輪が小さいと遅くなり、大きければ速くなる。高速の蒸気機関車を実現するには、それだけ大きな動輪が必要なのだ。

「あじあ号」の動輪は大きく、人の背丈を越える2メートルだった。しかし、動輪を大きくすると、今度は重心が高くなって機関車が不安定になってしまう。狭軌では、これほど大きな動輪は使えないし、ボイラーも大きなものが載せられない。

ともかく、日本の鉄道技術者たちは、満鉄で高速の蒸気機関車を実現した。彼らは、標準軌の強みを自ら体験したのである。

弾丸列車の着工と用地買収

その後、盧溝橋事件を発端に、日本は中国との全面戦争に突入した。鉄道も、この軍事輸送を担うために大変な状況になる。

戦争によって鉄道の輸送力不足が明らかになるが、そもそも東海道・山陽本線は需要が増え続けており、いずれにしても線路容量は足りなくなる見通しだった。

抜本的な対策が必要なのは明らかで、１９３８年には、鉄道省内で東京～下関間の新線建設が議論され始めた。これが、戦後の新幹線の前身であり、「弾丸列車」と通称されるものである（「弾丸列車」も正式には「新幹線」と呼ばれたが、混同するため「弾丸列車」で統一する）。

弾丸列車には、日本の大陸進出という追い風が吹いており、鉄道関係者にはこの機を捉えたいという思いもあった。これ以降、日中戦争は泥沼になる運命だが、この年は日本軍が武漢や広州を占領しており、戦勝気分で大陸への関心が大いに高まっていた。

すでに韓国は併合して、満鉄も手中にあり、釜山と北京を結ぶ直通列車まで運行されている。朝鮮、満州、中国を結ぶ壮大な国際列車が実現していたわけで、東京～下関に高速鉄道が新設されれば、東京から北京への直通列車というのも現実味を帯びる。いよいよ機運が高まってきた。

1939年、島秀雄の父、島安次郎が特別委員長を務める「鉄道幹線調査会」が立ち上がり、新線建設の議論が本格的に始まった。

日本の鉄道史を遡ると、明治以来、狭軌のままで行くか、幅の広い標準軌を導入するかで対立してきたが、弾丸列車でも軌間が問題になる。島安次郎などは標準軌派だが、発言力のある軍は狭軌を主張し、意見対立が繰り返された。軍が標準軌に反対するのは、既存の路線との乗り入れができなくなり、軍事輸送に支障をきたすからだった。

しかし、朝鮮、満州、中国は標準軌なので、軍としても、大陸への輸送を考えると標準軌は気になるところだ。そこで鉄道省側は、途中で台車を変えれば標準軌と狭軌は直通できることを示し、軍の説得に成功する。鉄道技術者にとっては、明治以来の悲願が目前に迫った瞬間である。

一方、合意に至らなかったのが電化の問題だ。当時、すでに電気機関車は実用化されており、電気機関車にすべきだと考える鉄道技術者は多かった。弾丸列車には長いトンネルがあり、そもそも蒸気機関車では無理である。それに、蒸気機関車には給水が必要だ。

　それでも、変電所が攻撃されることを恐れた軍は、自力走行できる蒸気機関車にこだわった。たしかに、電化にするには設備コストがかかり、電力事情も逼迫している。それでも、完全に新しい路線で、いまさら蒸気機関車かと落胆させられる議論だった。

　いずれにしても、軍の意向は無視できず、電気機関車と蒸気機関車の両方を開発することで折り合いをつけた。長大トンネルのある東京と沼津の区間は、電化して電気機関車で牽引し、そこから蒸気機関車に引き継ごうという折衷案である。望ましい姿とは言えないが、高速の蒸気機関車ならば満鉄の「あじあ号」で実績があり、彼らは計画の実現を優先させた。

　１９４０年、彼らがまとめた鉄道幹線調査会の答申は、早くも帝国議会に提出された。議会で反対がなかったわけではないが、軍事費が優先される時代に、弾丸列車計画が承認されたのである。

　計画が進み出すと、島安次郎の息子、島秀雄も鷹取工場から呼び戻される。「新幹線をつくった男」と呼ばれた島秀雄は、弾丸列車にも直接関与したのだ。

　彼らが最初に決めるべきは、車両限界などの建設規定である。狭軌の在来線とは異なるため、既存の規定を使うわけにはいかない。まして、時速２００キロを想定しており、未知の領域に踏み出すのである。ホームでの風圧はどうなるのか、窓を開けることはできるのか、列車がすれ違う時にはどうなるのか、彼らは1つ1つ実験と検討を重ねた。

その実験方法の中には、鉄道省が保有する飛行機を使い、時速200キロの速度を体験するというものまであった。もちろん窓など開けられるものではない。こうして作り上げた規定は、現在の新幹線と比べても大差ない。

技術的なことだけではなく、重要な拠点の用地買収を進めたことが、戦後の新幹線には大いに役に立つことになる。弾丸列車の停車駅は、新幹線の停車駅とほぼ同じで、この用地買収は新幹線にそのまま活かされた。戦時中なので用地買収は進めやすく、この点でも弾丸列車は戦争を十分に利用した。

「何にしても安かったですよ。戦争のため、国のためだと思ってみんな犠牲になったわけなんです。協力せにゃよくないと思って、小言も言えず、言えば非国民になってしまうし……」

後年、NHK「歴史への招待」の番組内で、愛知県御津町の住民が当時の様子を語っている。この強引な用地買収がなければ、東海道新幹線は5年では開業できなかったかもしれない。

予算がつけられた弾丸列車は、用地買収だけでなく、実際に工事も進められた。特に、工期が長くなる長大トンネルは、早く工事着手しなければならない。箱根山のふもとでは、1941年から新丹那トンネルの準備工事が始まり、両坑口から200～300メートルまで掘り進められた。戦後の新幹線は、この工事を再開して完成させており、現在もトンネルとして利用している。

日本軍の解体と技術者の流入

戦争に敗れたことで、弾丸列車も、東京から北京に向かう国際列車も、すべてが夢と消えた。満州国もなくなり、併合した韓国も独立した。大陸に目を向けるどころか、日本の存在すら危ぶまれた。満鉄などに出ていた鉄道関係者たちも、日本に引き上げることになった。

しかし、敗戦の影響を受けたのは、鉄道よりも航空機だった。零戦を生み、高い技術力を誇った日本の航空機だが、その開発や製造は全面禁止になった。そうでなくても、最大の顧客だった日本軍が解体されたのである。航空機に携わっていた技術者たちは転身を余儀なくされて、メーカーも事業転換をするしかなかった。

このとき受け皿の１つになったのが鉄道であり、その旗振り役が島秀雄だった。島は、戦後の輸送混乱を乗り切る使命を担っていたが、鉄道技術が向かうべき展望も示した。彼は、多くの技術者、メーカーを巻き込み、高速台車の振動の研究会を立ち上げたのである。

これまでの長距離列車は、世界を見渡しても、機関車が客車を牽引する方式ばかりだった。

電車では乗り心地が悪いため、客車の方が向いていたのだ。逆に言えば、当時の台車には研究の余地が大きかったということになる。高速列車を実現するにも、振動が少ない台車、脱線しない台車が不可欠だった。

鉄道技術者たちは、豊富な経験知が持ち味であるが、経験知が優先して理論が弱いという特徴を持っている。振動についても、鉄道の台車は複雑で、工学の理論を適用するのは簡単ではなく、理論的な研究は遅れていた。一方の航空機は、振動によって機体が空中分解するという事故が起きており、研究も進んでいた。

こうした鉄道技術の弱さを、航空機の知見が強化することになった。戦闘機の振動を研究していた松平精は、鉄道技術研究所に入り、鉄道の台車の技術を前進させた。日本の軍事技術が鉄道に活かされたのだ。

1949年、下山が亡くなると、しばらくして加賀山之雄が2代目国鉄総裁の座に就いた。その翌年、島秀雄は動力分散の電車を東海道本線に投入させる。いわゆる「湘南電車」である。

動力分散の電車は、重量も分散するため、地盤の弱い日本には向いていた。また、加速や減速もしやすく、高頻度の運行にも適している。島の信念は、動力分散の電車で長大編成を組み、長距離区間にも投入しようというものだった。それを実現したのが、この1950年に誕生した湘南電車である。

年月が進むと、東海道本線の電車特急「こだま」など、特急列車にも電車が登場する。それらの積み重ねがあったからこそ、新幹線も動力分散方式で実現できた。こうして、ヨーロッパの鉄道と日本の鉄道は違った道を歩むことになる。

しかし、島の人生にも波乱が訪れた。

新幹線開発の父、島秀雄
（写真提供：共同通信）

湘南電車が登場した翌年に、国鉄総裁の加賀山と島は国鉄を去ることになった。この年、京浜東北線の桜木町駅の手前で走行中の列車が火だるまになり、１０６名が亡くなる大事故が発生した。桜木町事故と呼ばれる、日本の鉄道史に残る大事故である。

桜木町事故の車両は、63型電車という形式である。床や扉は、

106 名の死者を出した桜木町事故

鋼材が不足していたため木造で、屋根の骨組みも露出していた。耐久性を犠牲にして、すべてを切り詰めた車両だが、これは戦時中に設計されたからである。

この事故は複雑で、簡単に言えば、そのとき行われていた架線工事のミスが発端である。これにより、電車のパンタグラフと高圧電線にトラブルが発生し、高電圧の線が電車の屋根に接触してしまった。

本来であれば、安全装置が働いて高電圧は遮断されるが、それも十分に働かず、火花が発生し続けた。こうして、電車の天井部に着火したのである。

この車両の窓は上・中・下段に分かれた3段窓で、大きく開かないために乗客が脱出できなかった。

また、貫通路もないため隣の車両にも逃げられない。さらに、非常用のドアコックも乗客には分かりにくく、誰も気づかなかった。このような構造が乗客を車両に閉じ込める結果となり、多くの人が焼死、窒息死するという悲惨な事故につながったのだ。

この事故の後、加賀山と島は、ともに国鉄を去った。加賀山とともに責任を取った島だが、辞任の理由は、これだけの事故を起こしながらも、国鉄内部では責任のなすりつけ合いがあり、それが嫌になったのだと書き残している。

「新幹線の父」と言われる元満鉄の理事

加賀山が去った後、長崎惣之助が第3代国鉄総裁に就任するが、国鉄では悲惨な事故が絶えなかった。

１９５４年9月には、青函航路で国鉄の洞爺丸が沈没した。タイタニック号の犠牲者は約１５００名だが、この洞爺丸では１１００名以上が犠牲になっている。タイタニック号沈没事故と比べると取り上げられることは少ないが、歴史に残る海難事故であり、我が国では最大のものだ。

その翌年には、瀬戸内海の宇野（岡山）と高松（香川）を結ぶ国鉄の宇高連絡船で事故が起きた。貨物船の第三宇高丸と旅客船の紫雲丸が衝突して、紫雲丸の方が沈没したのである。事故の犠牲者は168名だが、そのうち100名以上は小中学校の修学旅行生である。当然ながら世論の批判は厳しく、国鉄総裁の長崎惣之助も辞任は免れなかった。

大事故が続いた国鉄は、労使関係も激しく、国鉄総裁のポストが火中の栗になってしまった。長崎は引きずりおろされたものの、その後任が決まらない。政府が打診をしても、誰も引き受けなかったのだ。

その火中の栗を拾うことになったのが、「新幹線の父」と呼ばれる十河信二である。十河は、加賀山之雄の義理の父でもあり、すでに71歳の高齢だった。彼も、打診されたときには年齢などを理由に固辞したが、政府の度重なる説得により、ようやく首を縦に振ったのである。

十河信二とは何者なのか。

彼は、満鉄の理事を務めるなど、戦時中は満州や中国で活躍した男だ。関東軍参謀の石原莞爾とは同志で、満州国の建国に大きく関与した人物である。

中国は漢民族ばかりではなく、事実、清は満州族の王朝だ。満州国も、（関東軍の「傀儡」ではあったが）のちに清王朝の愛新覚羅溥儀を皇帝に迎える。満州国は、漢人、満州人、蒙古人、日本人、朝鮮人による「五族協和」を建国の理念として、十河もその理念のために働いた。

満鉄の理事だった十河は、満鉄を軍事輸送に協力させるなど、石原参謀の関東軍に協力した。それどころか、十河が委員長となる満鉄経済調査会は、満州国建設の総合的立案を担うのである。満鉄は満州国建国に直接関わり、十河はその中心人物だった。

ソ連は南下を窺っており、対ソ戦は避けられないと考える石原莞爾にとって、満州は日本の生命線だった。だからこそ、満州については独断専横で強引なことをしたが、中国への戦線拡大は避けるべきだと考えていた。十河の考えも同じで、２人の関係は深まる。

第４代国鉄総裁、十河信二

しかし、東條英機などの一派は、中国や南方に進出しようと考えた。当然ながら石原と東條は犬猿の仲になるが、失脚するのは石原の方だった。

石原に同調して行動していた十河も、憲兵隊から監視される立場になり、身の安全のために故郷の愛媛に戻っている。

その十河が、1955年に第4代国鉄総裁に推されたのだ。

高齢でもあり、これが最後の仕事になるが、十河には火中の栗を拾うだけの強い思いがあった。鉄道で働いてきた十河にとって、標準軌による新幹線建設は先輩たちが成し得なかった悲願である。十河は、鳩山一郎首相に新幹線建設を確約させて、それを条件に就任した。

十河にとっての新幹線の建設は、満州国建国に賭けたのと同じ情熱だっただろう。激高しやすい十河は、官僚的な国鉄幹部に何度も大きな雷を落としたが、その強烈な個性が、新幹線建設の原動力となる。

十河は、国鉄を去っていた島秀雄を呼び戻した。彼には、同じ志を持つ技術者が必要だったのだ。

住友金属工業に転じていた島だが、技師長という、島のために新しく作られたポストで国鉄に戻った。再び国鉄の人となった島秀雄は、自らが送り出した湘南電車の流れを引き継いで、電車による特急列車を実現する。動力分散型の新幹線は、この在来線の実績によって裏付けられていった。

十河も精力的に動いた。

戦前と同様、経済成長に伴って東海道本線の線路容量は逼迫してきて、新幹線の機も熟してきた。しかし、議論は弾丸列車の前に戻っている。国鉄内でも、標準軌を推す人がいる一方で、狭軌で開業させた後で標準軌に改軌しようという、官僚的な妥協案も根強かった。もちろん、十河は満鉄を知っており、標準軌にすべきだと強く考えていた。

国鉄内部でも異論反論がある中で、島たちは「東京―大阪3時間」と打ち出して、高速列車への世論を盛り上げた。時代はまさに高度経済成長期である。弾丸列車が大陸への機運を利用したように、新幹線はスピードを求める世論を利用した。高速列車への期待が高まれば、標準軌にも理解が得られやすくなる。

一方、国鉄内をまとめあげた十河は、政財界への根回しに奔走した。そして、国鉄幹線調査会による答申がまとまると、積算された工事費を半分にして、その金額で国会に提出させたのである。

工事費を半分にできる根拠などないが、十河は、こうしないと国会が予算を承認しないと考えた。工事に着手して引き返せないところにきてから、足りない予算を工面させようという算段である。日本全体を欺いたわけだが、十河の政治観が正しかったのか、国会では無事に予算が承認された。

こうした行動は、十河が培った経験に基づいていた。数々の政治の裏を見て、自分自身も政争に巻き込まれて被告の立場になったこともある。人を動かすには誠実さが必要だが、政治を動かすには豪胆さや権謀術数も必要だ。そう考えていた十河は、したたかに動いたのである。

新幹線起工式での十河信二

いよいよ新幹線も着工のときを迎えた。弾丸列車では、1941年に新丹那トンネルの準備工事が始められたが、18年の時を経て、1959年に新幹線の起工式が行われた。その場所こそ、新丹那トンネルの熱海口であり、頓挫した弾丸列車のトンネルだった。弾丸列車の工事は、別の形で再開されたのだ。

鍬入れをする十河信二は、憑かれたように、力いっぱい鍬を振りおろした。三度目に振り下ろした時には、鍬の先が抜けるという珍事が起きる。先達たちの執念が乗り移ったようだった。

元鉄道官僚である佐藤栄作蔵相は、十河に呼応して、さらに政治的な布石を打った。世界銀行（国際復興開発銀行）の借款を取り付けて、日本政府に新幹線建設をコミットさせたのである。世界銀行から金を借りることで、内閣が替わっても新幹線の予算に手がつけられないようにしたのだ。

こうして、新幹線は揺るぎなくなったが、大きな落とし穴が十河を待っていた。1962年に常磐線で三河島事故が発生し、160名が亡くなったのだ。

事故の発端は、D51が牽引する貨物列車だった。この列車が田端操車場から本線に合流する際、停止信号で止まらず、そのまま砂利盛りの車止めを乗り越えて脱線した。その後、下り電車も非常制動が間に合わず、貨物列車に接触して脱線した。

二重の脱線事故だが、これだけでは大きな被害にはならない。しかし、脱線した下り電車の乗客が線路に降りて、そこに上り列車が突入したため、大勢の人が亡くなったのである。

1951年に起きた桜木町事故では、車内から逃げられない人たちが大勢犠牲になり、それを教訓にして非常用コックを分かりやすくするなど、車外に逃げやすくなった。ところが、その後の三河島事故では、多くの人が車外に逃げたことが二次災害につながった。

乗客たちが避難を急いだのは、貨物列車がタンク車を牽引していて、爆発するのではないかと恐れたからだった。皮肉なことだが、乗客が車外に出たのが問題ではなく、事故が起きた後、上り列車を止められなかったのが問題だった。

いずれにしても、事故の責任は完全に国鉄にあった。国鉄総裁である十河信二は、遺族の家を訪ねて歩き、ときに罵声を浴びながらも頭を下げ続けた。当然ながら、十河の辞任を求める声が盛り上がるが、総裁に詰め腹を切らせれば済む話ではない。十河には、この事故を背負って安全な鉄道を作り上げることが求められた。大きな犠牲を生んだが、十河は国鉄総裁を続けなければならなかった。

下山事件で世を去った下山総裁、桜木町事故で国鉄を去った加賀山総裁、海運事故で国鉄を去った長崎総裁。歴代国鉄総裁の幕切れは沈痛なものである。その中で十河総裁だけが、三河島事故を背負いながら指揮を執ることになった。しかし、悲願である新幹線の開業を見ることはなく、その前年に国鉄を去る。その原因は三河島事故ではなく、新幹線の予算不足にあった。

もともと、新幹線は予算不足になるのが明らかで、それでも追加予算を無事に国会に承認させた。しかし、それも束の間、再び予算不足が明らかになったのだ。資材費、人件費、用地買収費の高騰が要因なのか、ともかく十河は責任を負わされた。国鉄総裁を2期8年務めたが、再任されることなく退任した。十河に乞われて国鉄に戻った島秀雄も、このとき一緒に国鉄を去っている。

十河信二に代わって新幹線のテープカットをしたのは、新幹線を「道楽息子」と呼んで嫌った第5代国鉄総裁の石田禮助である。開業してみれば、東海道新幹線は大成功になるのだが、開業前は、採算や安全性を疑っている人も多かったのだ。

ちなみに、十河総裁に嫌われて国鉄を去った磯崎叡は、石田総裁のときに副総裁として返り咲き、石田の後任として第6代国鉄総裁になる。磯崎というのは、下山総裁のときの職員課長で、大量の人員整理に関与した人物だ。

こうして、十河を評価しない人たちが国鉄総裁になり、十河は失脚したかのような形になった。しかし、この後の国鉄は経営や労使関係で転落の一途になる。国鉄総裁になった磯崎も、結局、国鉄が凋落していく歴史とともに記憶されている。

開業という晴れ舞台には立てなかったが、東海道新幹線に人生を賭けた十河と島は、見事に仕事を成し遂げて、そして身を引いたのである。

Episode: 08

【分割民営化騒動記】

朽ち果てた国鉄からＪＲへ

「郁子を追い込んだ連中を私は一生、許さないっ」

２００８年11月29日、日本経済新聞の朝刊に強い言葉が載った。同紙の人気コラムである「私の履歴書」に、ＪＲ東日本相談役（当時）の松田昌士氏が怒りを書き記したのである。

松田氏は、２００３年に妻を病気で失っており、冒頭の言葉はその葬儀での出来事だった。郁子夫人は、「舌の動きをつかさどる筋肉がまひするという病気に襲われ」て、20年以上も苦しんだそうだ。

原因は不明だが、心労が重なって生じたものだと松田氏は考えている。松田氏は、淡々と最後の挨拶をするつもりだったというが、妻に心労を与えた者たちへの怒りを抑えられなくなり、叫ぶように言葉を吐いた。

葬儀には、中曽根康弘元総理も列席していた。国鉄改革は中曽根政権の最大の功績であり、その国鉄改革を内部から推進したのが松田氏である。国鉄は115年の歴史に幕を下ろし、苦難の末に分割民営化された。元総理は、その功労者である松田氏の苦労を理解していた。焼香を終えた元総理は、

「奥さんに『今までよく頑張ったね』と言っておいたよ」

と、声を掛けた。これを聞いて、松田氏は涙を止めることができなくなったという。

松田家は二代続く「国鉄一家」だった。松田氏の父は、いわゆるノンキャリアのたたき上げとして、札幌駅長まで上り詰めた国鉄マンである。松田氏も、北海道大学、同大学院を卒業して、父と同じように国鉄に入社した。同じ国鉄マンだが、松田氏はキャリア組として、父とは異なる鉄道人生を歩むことになる。

1961年、松田氏は入社のため上京し、新入社員研修を終えると名古屋に配属になった。そこで1年間、駅などの現場勤務を経験した後、本社、地方管理局、官庁への出向など、非現業業務や管理職中心のキャリアを歩んだ。運輸、車両、土木、電力など縦割りの国鉄で、彼は自称「プランナー」として国鉄の中を歩むことになった。ただし、国鉄の経営は悪化して、深刻な労使問題も抱えており、大変な仕事が彼を待ち受けることになる。

新幹線の開業と「入浴問題」

松田氏が入社したのは、東京オリンピックの3年前である。

当時の国鉄は、東海道新幹線の建設を急いでいた。道路整備や自動車の普及により、「鉄道は斜陽産業」とさえ言われた時代である。東海道新幹線の計画も、「万里の長城、戦艦大和と並ぶ三馬鹿」との批判もあったが、オリンピックの成功とともに東海道新幹線は絶賛され、鉄道は復権を果たした。

しかし、東海道新幹線が開業した１９６４年は、皮肉なことに国鉄が赤字に転落した最初の年でもある。国鉄は、それから一度も黒字になることなく、借金が雪だるまのように膨れ上がって崩壊する。技術面で世界に誇った国鉄だが、経営面では悪化の一途をたどった。

この頃の国鉄は、労働組合の問題も深刻になり、職場の規律が失われつつあった。

東海道新幹線開業の前年である１９６３年には、なんとも珍奇な事件が起きている。帰宅ラッシュの品川駅のホームで、半裸の男たちが手錠をはめられて連行されたのだ。彼らは、下は猿股やパンツなどを穿いていたが、上半身は裸で素足である。露出狂の変質者のようだが、連行されたのも、連行したのも国鉄職員だった。

品川駅の北側には田町電車区があり、東海道線を走る電車が配属されている。東京の真ん中にあり、普通電車だけでなく、特急列車や寝台特急列車もあり、まさに国鉄が誇る車両基地だ。連行された半裸の男というのは、この田町電車区に所属する職員だった。

電車区などの体が汚れる現場には、風呂が備えられている。建前では勤務終了後に入浴するのだが、実際には勤務終了前の入浴が慣例になっていた。田町電車区の場合、勤務終了時刻は17時だったが、16時から入浴が始まっていた。これを、区長の指示により、16時30分前の入浴が禁じられたところから騒動が始まった。

17時ではなく、16時30分より前の入浴を禁止したというのが国鉄らしい。本来は17時とするべきだが、入浴開始を1時間も遅らせたのでは職員たちが激しく反発するだろうと思い、間を取って16時30分にしたのだ。管理側も妥協を示し、労働組合と合意しようという馴れ合い体質である。

しかし、職員は大いに反発した。田町電車区のような大きな現場では、職員が多すぎて30分間では入浴が終わらない。16時30分からの入浴開始では、勤務終了時間までに入浴が終わらないのである。勤務終了前に入浴を終えられるか、職員たちにとっては瀬戸際だった。

呆れた話だが、それでも、このときは管理側が意地を見せて、国鉄の公安職員を投入して徹底的に対抗した。品川駅にいる公安職員が田町電車区に入り、16時に風呂に入ろうとする職員を阻止しようとしたのである。

現在は存在しない鉄道公安職員

労働組合と公安職員は、労使が衝突する場面で何度もぶつかり合っているが、数で勝る労働組合は強く、このときも、労働者たちが公安職員の制止を突破して浴室に入った。

突破を許した公安職員は、風呂に入る職員の写真を撮って証拠にしようとしたが、今度は、そのカメラを奪おうと再び職員たちと衝突した。しかし、他の公安職員が駆けつけて、この場は公安職員が勝利する。

公安職員は、国鉄の職員ではあるが逮捕権を持っていた。公安職員に逮捕された電車区の職員たちは、服を着るように指示されたが、これに従わず、そのまま品川駅の公安派出所に連行された。

しかし、裸の写真を撮り、半裸で品川駅のホームを歩かせたことなどが問題になり、争いは法廷に持ち込まれて、一審、二審とも国鉄当局が敗訴した。国鉄はそれ以上争わず、両者は和解に至ったのである。

田町電車区の入浴問題は1つの例だが、このような事件により国鉄当局は及び腰になり、労働組合の優位は強まっていった。国鉄当局の毅然とした姿勢がなかったからこそ、労働天国のような実態を許してしまったのだ。

１９６４年に東海道新幹線が開業して全盛を迎えた国鉄だが、昭和40年代（１９６５年以降）になると「現場協議制」が始まり、労働組合がますます力を強めた。

本来、国鉄当局と労働組合が激しく対峙するのは、管理局（現在の支社）より上で行われる団体交渉だけである。団体交渉では、双方、限られたメンバーが参加するが、「現場協議制」では、各現場で管理者が大勢の職員に取り囲まれ、吊し上げのような事態が発生した。

スト権スト

世間の批判をよそに、国鉄ではストライキが頻発し、職場規律が乱れ、挙句に運賃が大幅に値上げされていた。そんな中、国鉄は１９６９年に生産性向上運動（通称「マル生」）を導入し、職員に対して新たな教育を始めた。すると、多くの国鉄職員が心を動かされて、職場改善に向けた動きが出てきたのである。

国鉄を愛する職員にとっても、荒廃する国鉄は耐えがたいのだ。過激になる労働組合に従うより、お客さんに丁寧に接して増収を図り、仕事を効率的に行い、国鉄を再建させたいと考えるのは当然だ。こうして、イデオロギーの強い国鉄労働組合（国労）や動力車労働組合（動労）からは脱退者が相次ぎ、労使協調路線の鉄道労働組合（鉄労）が勢力を伸ばす。

国労や動労は当然のごとく生産性向上運動に大反発して、彼らを支持母体とする社会党も介入した。ここを乗り切れるかどうかが国鉄にとって最後の再生のチャンスだったが、国鉄当局に労働組合の転向を促す不法労働行為が一部であり、朝日新聞や毎日新聞が「マル生」を批判的に取り上げると、旗振り役であるべき経営陣も腰砕けになる。不法労働行為は正しつつも、生産性向上運動そのものは推し進めるべきだったが、１９７１年に国鉄総裁が謝罪して、生産性向上運動は取りやめになってしまった。

その後、国鉄内では粛清が始まった。国労の要求により、生産性向上運動を主導した幹部たちや現場管理者は左遷された。国鉄のために熱心に取り組んでいた人たちが、国鉄トップからはしごを外されてしまったのである。

労働組合は勢いづき、ますます現場は荒廃していった。職員が異動に従わず、仕事がなくても給与が支払われる「ブラ勤」が黙認される。ブルートレイン（寝台特急列車）では、乗務実態がないのに旅費や夜勤手当が支払われる「ヤミ手当」が慣例化した。タバコを吸いながら点呼を受けて、名前を呼ばれても「オゥ」と返事をする有様だ。

国鉄の現場では、超勤拒否、突発年休などで労働組合が抵抗するため、現場管理者は、業務遂行のために労働組合の協力を取り付けなければならず、次々と悪慣行を黙認させられた。

スト権ストでシュプレヒコールをする国労組合員
（写真提供：共同通信）

勢いを得た国労と動労は、1975年には「スト権スト」に突入した。公共企業体の国鉄では本来ストライキは認められていないが、そのスト権を獲得するために8日間ものストライキを行ったのだ。

この年は、山陽新幹線が博多まで開業し、東京から九州まで新幹線がつながった年でもある。子どもたちは新幹線に日を輝かせるが、荒廃する国鉄の職場は子どもたちに見せられるものではない。ちなみに、この年は急行・特急料金などを30％以上も値上げしており、国民感情は厳しくなっていた。

自殺に追い込まれる現場管理者

スト権ストの年、松田氏は門司鉄道管理局に赴任した。現在の感覚からすると「門司」は地味な土地だが、ここは北九州全域を管轄する中心的な管理局である。

「門司鉄道管理局の営業部長、総務部長を歴任して4年。その前後、精神的に追いつめられ、自ら命を絶つ現場管理者がつづいた」（松田氏の『私の履歴書』）

生産性向上運動の失敗のしわ寄せは現場管理者が一身に受けていた。松田氏が就いた総務部長のポストは、人事部門を統括する要職であり、管理局の中では局長に次ぐ地位である。当然ながら、荒れ果てた現場を看過するわけにはいかず、労務対策に追われる毎日になる。

そして、

「指導力に定評のあった職員がいることを知ると、2年で戻すという条件を出して彼を口説き落として、荒廃した拠点駅に駅長として送り込んだ。拠点駅を立て直すことで、管理局内の現場を正常化していこうと考えたのだが、その人は期待に応える働きをしたものの、任務を全うして緊張が解けたとき、自ら命を絶ってしまった。

通夜の席でお目にかかった遺族のまなざしに何も言えず、『申し訳ありませんでした』と口にするのが精いっぱいだった。今も胸が痛む人生最大のショッキングな出来事だった」（『私の履歴書』より）

キャリア組は栄転を繰り返し、その職にとどまるのは2年ほどでしかない。そして、地元で労働組合と対峙し続けるのはノンキャリアの管理職である。そのノンキャリアの有望な人を、結果的に死に追いやったのだ。もはや、国鉄の現場は末期状態だった。

本社に戻った松田氏は、職員局能力開発課長になり、職員の教育に関わる要職に就く。しかし、門司鉄道管理局からは、引き続き悲報が飛び込んでくる。

１９８１年3月、筑前垣生（ちくぜんはぶ）駅（筑豊本線にある小さな駅）の助役が、部下の勤務条件変更を巡って管理局と部下の板挟みになり、電車に飛び込んで自殺した。

それから1ヶ月も経たない同年4月、佐賀保線区の助役が首を吊って自殺した。赴任した2日目に、レール切断作業に文句をつけられ、慣例の助役歓迎会には14名の部下のうち1名しか参加せず、孤立状態を味わった。国鉄の現場では、新任の管理職を追いつめる「入学式」と呼ばれるイジメがあったのだ。

そんなニュースが耳に入る中、松田氏などは国鉄を分割民営化するしかないと考えて、自民党の運輸族に密かに接近を始める。のちに三人組と呼ばれる改革派が動き出したのだ。松田氏の他は、JR東海のトップになる葛西氏、JR西日本のトップになる井手氏で、まさに青年将校のような動きだった。自民党の運輸族も、国鉄トップから上がってくる報告と、彼らが話す国鉄の実態に大きなギャップがあることを知り、分割民営化に向けた動きが本格化する。

そんな国鉄は、1982年には東北・上越新幹線を大宮以北で暫定開業させる一方で、ブラ勤、ヤミ手当、飲酒運転、勤務中の入浴、ヤミ日勤（職場のレクリエーションなどを日勤扱いにすること）など、次々に悪慣行が報道されて、世間の批判を集めていた。運賃の値上げが続いたことで、新宿駅～高尾駅で国鉄の運賃が京王電鉄の3倍になるなど、私鉄との運賃格差も広がる。「国鉄は本当に必要なのか」と、公然と批判が巻き起こった。

良くも悪くも国鉄が注目を浴びる中で、松田氏は1983年2月に本社経営計画室に移り、国鉄の再建計画に取り組むことになった。しかし、門司鉄道管理局の悲劇は終わらない。

1983年4月、長崎客貨車区首席助役が、乗用車ごと海に飛び込んで自殺した。彼は、生産性向上運動の時にストに反対して鉄労に転じており、それから国労に復帰したという経歴を持つ。入社以来23年間も長崎客貨車区で勤務してきたが、直方貨車区で助役になり、長崎客貨車区に首席助役として戻ってきた。しかし、国労に復帰はしていたものの、

「当職場を踏み台にして管理者になった首席助役が来た。このような人を首席にした当局の意図を粉砕しよう」

と、国労の組合掲示板で誹謗される。さらに、労働組合との話し合いで「時間内入浴で業務に支障をきたした事実もないし職場規律も乱れていない」との文書を残してしまい、区長からも苦言を受けてしまった。

「長崎客貨車区に転勤すれば、こうなることは分かっていた。転勤前に辞職すればよかった。歴代の管理者の話を耳にしているのに……。毎日毎日必要以上に神経を使ったか知れないが、何しろ疲れた」

これが、彼の遺書だった。実際、国鉄では定年を前に早期退職する現場管理者も多かったが、彼は49歳なので国鉄に見切りをつけるのは難しかっただろう。

さらに翌月、直方保線支区の助役が首を吊った。点呼で部下から嫌がらせの質問を受け、それがしばしばトラブルに発展していたらしい。

「私は管理者のうつわではなかった。誰もうらみません。私が弱かったのです」

彼は36歳で、初めての助役だった。残された2人の子どもは、まだ小学校にも上がっていない。

朽ち果てた大樹である国鉄では多くの犠牲が出ていた。門司鉄道管理局だけでなく、全国で悲劇が起きていたことは想像に難くない。すでに、分割民営化をするにも多くの犠牲が必要になっていたが、それでも倒すしかないほど、国鉄は朽ち果てていたのである。

解体された国鉄

国民のフラストレーションはマグマのように溜まっていた。国鉄の赤字は膨らみ続け、そのつけを払うように運賃は値上げされる。しかし、当事者である職員たちは、ヤミ手当、ヤミ日勤、ブラ日勤で甘い汁を吸い続け、さらにストライキを頻発した。国鉄が自ら襟を正すといっても、もはや信用されるはずもない。国鉄の累積債務も最後には25兆円にまで膨れ上がった。

それでも国鉄内では、なんとか国鉄を残そうという考えに支配されていた。一方で、松田氏や葛西氏などの改革派は、分割民営化するしか再出発の道はないと確信している。そして、保守派と改革派に分かれる中で、１９８５年に松田氏は北海道に飛ばされたのである。

「(中略) 酒を飲みながら『これで終わった』とつぶやいた。翌朝たたきつける予定の辞表を胸に忍ばせ、同志の井手正敬氏に電話をかけた。『明日、辞表を出す』と言うと、即座に駆け付け『早まるな。辞めないで改革に向けて皆で頑張ろう』と言う」(『私の履歴書』より)

この年、東北・上越新幹線が上野駅に乗り入れた。北に向かう鉄路が発展する中で、松田氏は海の向こうの故郷に追いやられたのだ。

しかし、まもなく松田氏は東京に呼び戻される。国鉄の総裁が代わり、改革派が主導権を握ったのだ。それから先、国鉄は分割民営化へと突き進み、自らその歴史に幕を下ろすことになる。

国鉄の分割民営化には、当然ながら労働組合が強く反発した。その中でも、最大労組の国労は最後まで反対を貫いた。組織が大きく、異なる派閥が寄り合っている国労では、分割民営化を受け入れるような大転換は難しかったのだ。松田氏などの改革派は、国鉄内部では主導権を奪ったが、最後まで国労と対峙し続けることになった。

「国鉄時代、私は常に主力組合であった国鉄労働組合（国労）と真っ向から対峙した。分割・民営化の信念を掲げ、これを曲げることもなかった。当然、私への風当たりはきつくなり、それは家族にも及んでいた。陰に陽に寄せられる様々な苦情、いやがらせ。国労関係者だけでなく、彼らと連携を組む勢力が入れ代わり立ち代わり、妻や三人の子供たちに圧力をかけていた」

「自宅ではプロパンガスの周辺に幾本ものマッチ棒がばらまかれていた。組合の街宣車は近隣を練り歩き『松田は大悪人』と大音量で流し続けた。社内に泊まり込みを続けると『浮気をしている』とデマもながされた」

「ある時、同居している長女の息子が極度に水を怖がることを知った。理由を尋ねると、近隣のプールで指導員とおぼしき人物に無理やり顔を水に押し付けられたという。孫にまでの陰気ないじめにはさすがに慄然とした」

信じられないような話が『私の履歴書』で明らかにされた。これには、一般の読者は言うに及ばず、国鉄を知らないＪＲ社員も驚愕した。松田氏が受けた嫌がらせと、彼の怒りの激しさは想像以上だったのだ。

国鉄の職員は全員がＪＲに移れたわけではない。民営化後の適正要員を算出し、それに余裕を持たせて社員数を決めたが、それでも6万人以上の余剰人員が生まれた。このため、国鉄では希望退職者を募り、政府機関や地方自治体の他、民間企業などに多くの人が再就職している。また、地方から都市への異動、いわゆる「広域異動」により、要員のムラが調整された。労働組合の強い国鉄だが、最後は大きな犠牲を払ったのである。

「週刊文春は駅売りでは永久に販売しない」

国鉄改革から20年が経った２００７年頃、関係者たちは出版などで国鉄改革を振り返った。

毎年のように運賃が値上げされて、それでも雪だるまのように累積赤字が増え続けた国鉄とは違い、ＪＲでは運賃の値上げが止まり、赤字企業どころか、本州三社などは税金を納める黒字企業に生まれ変わった。もちろん、ストライキも激減である。マスコミや評者は、20年目の節目で改めて国鉄改革を称賛した。

しかし、常にＪＲが称賛されていたわけでもない。

ＪＲの誕生から6年後の１９９３年、松田氏は、群馬県水上町で大勢の聴衆を前に挨拶した。労働組合の上部組織の定期大会に来賓として招かれたのだ。ＪＲ東日本は、政府が株を放出して、完全民営化で上場まで成し遂げた。松田氏自身も、満を持して社長に就任している。

１９９１年には、東北・上越新幹線が念願の東京駅乗り入れを果たし、１９９２年には、山形新幹線も開業させた。国鉄の分割民営化の成功は、すでに衆目の一致するところとなっていた。

その松田氏は、大勢の社員を前にして、

「（週刊文春は）三流の週刊誌と認識した。週刊文春は駅売りでは永久に販売しない」（「読売新聞」１９９４年6月20日夕刊）

と、特定の週刊誌を名指ししたのである。事実、この数日前からＪＲ東日本のキヨスクから週刊文春が消えて、電車の中吊り広告からも消えていた。

実は、週刊文春で「ＪＲ東日本に巣くう妖怪」という連載が始まり、これが松田社長やＪＲ東日本を怒らせたのである。

このとき、ＪＲ東日本では初めての株主総会を控えており、最悪のタイミングだった。問題の連載記事は、

「経営陣と過激派の活動歴のある労組トップとの癒着した経営が行われている、などとする内容」（朝日新聞）

で、ＪＲになって労使関係は健全化したはずなのに、それを疑問視させる内容だった。

国鉄やＪＲには労働組合が複数存在する。その中でも、国鉄時代に圧倒的多数を占めたのが国労だ。しかし、民営化に反対を貫いたことで、職を失うことを恐れた組合員たちが次々に脱退し、ＪＲになると勢力を大きく後退させた。

一方の国鉄動力車労働組合（動労）は、乗務員を中心にした労働組合で、国鉄時代には激しい労働運動を展開したが、「コペルニクス的転換」と呼ばれるほどの大転換を行い、分割民営化では賛成に転じた。国労とは逆に、この方針転換によって大きな力を得る。

もともと労使協調だった鉄労、方針転換を成し遂げた動労、国労から離脱して誕生した鉄産労。これらが連携していくだろうと思われたが、国鉄改革という共通の目標が失われると、遠心力が働くようになる。

その後の展開はＪＲ各社によって異なるが、ＪＲ東日本では旧動労と旧鉄労の分裂が進み、旧動労が主導権を握った。会社は「一企業一組合」の方針により、他の労働組合とは手を結ばない。そもそも、労働組合同士が対立するため、会社が複数の労働組合と手を結ぶことなど不可能だった。

こうして、ＪＲ東日本、ＪＲ北海道、ＪＲ貨物などは旧動労が主導系を握った。週刊文春の連載記事が切り込んだのは、ＪＲ最大の会社であり、もっとも旧動労が強いＪＲ東日本である。

動労は、国鉄改革の一方の立役者であるのは間違いなく、この労働組合が労使協調に転換したからこそ、国鉄改革は成功したとも言える。しかし、「鬼の動労」と呼ばれるように、泣く子も黙るような過激な労働組合でもある。民営化してからも、ＪＲ東日本の労働組合には過激左翼の元活動家だった人物が残り、それを週刊文春の記事は「ＪＲ東日本に巣くう妖怪」として取り上げたのだ。

国労と真っ向から対峙した松田氏も、ＪＲ東日本の労働組合に切り込む記事には敏感だった。ここで厳しい対応をしないと、自社の労働組合から強い反発を受けることになり、妥協は許されなかったのだろう。紙面などで反論するのではなく、販売停止という強硬な手段を取ったのだ。

週刊文春の販売問題はキヨスクだけに留まらなかった。営団地下鉄では、週刊文春の中吊り広告から「ＪＲ東日本に巣くう妖怪」の部分が削除された。異様な光景である。これも、ＪＲ東日本の要請によるものらしい（朝日新聞の報道）。

駅ビルに入っている書店からも週刊文春が消えている。吉祥寺駅に入っていた弘栄堂はＪＲ東日本の要請で販売を取りやめ、小山駅に入っていた進駸堂（しんしんどう）は、要請を断って販売続行を決めたが、駅ビル会社に買い占められてしまった（日本経済新聞の報道）。

一方、大手書店の有隣堂はＪＲ東日本の要請を断っており、さすがのＪＲ東日本も駅ビルの書店をすべて抑えられたわけではない。ちなみに、キヨスクで週刊文春の販売が再開されたのは、これから1ヶ月も後のことだ。

一般的に、週刊誌の記事は物議を醸すことがあり、もめごとや裁判沙汰は多い。しかし、販売を拒否したり、他の鉄道会社の中吊り広告にまで影響を及ぼしたり、買い上げによる発禁処置をするのは異常である。監督官庁の運輸省からも苦言が出たほどで、内容の真偽もさることながら、ＪＲ東日本の対応には眉をひそめる人も多かった。

ＪＲは日本を代表する鉄道会社である。国鉄の犠牲になった人々のためにも、常に襟を正していかなければならないはずだ。朽ちた大樹から生まれたＪＲは、本当に清く美しい樹となったのだろうか。

第3章　金が動かした鉄道史

1953年、衆議院議長に就任した西武グループの創業者・堤康次郎（上）

Episode:
09

【異彩を放つ堤康次郎の生涯】
西武王国の家督

大手私鉄の西武鉄道は、日本の鉄道史の中でも異彩を放ってきた。一私鉄であるだけではなく、プリンスホテル、箱根や軽井沢などの開発、百貨店、専門店、スーパーマーケットなど、西武は各事業で日本を代表する企業になり、広く深く我々の生活に浸透している。

事業規模だけでなく、西武は創業者や社風が独特で、そこが異彩を放つポイントだった。典型的なのが、創業者である堤康次郎の死後、西武鉄道の社員などが「墓守」を1日も欠かさず続けてきたことだ。

西武は、所沢に所沢聖地霊園を持ち、鎌倉に鎌倉霊園を持っているが、堤康次郎は鎌倉霊園の方に眠っている。所沢は西武鉄道の拠点だが、鎌倉は西武鉄道とは離れたところにあり、社員にとっては不便な場所である。それでも、この慣習は社員が自発的に始めたものだった。

鎌倉霊園は高台にあって、遠くに富士山や相模湾を望める。山と海、日本人にとって理想的な眺望である。そんな鎌倉霊園の中でも、区割りされた一般の墓などではなく、康次郎は天皇陵かと思われるぐらいの巨大な墓に眠っている。東武の根津嘉一郎、東急の五島慶太、阪急の小林一三など、日本の鉄道史に名を残した経営者は他にもいるが、こんな宗教家のような墓に眠るのは康次郎だけだ。

この墓はエジプトのピラミッドと同じで、先祖代々の骨は埋葬されておらず、亡き妻すら埋葬されていない。立派で贅沢な墓ではあるが、それだけに寂しい。この思いを、西武の社員たちも同じように抱いた。

「大将に寂しい思いをさせられない」

康次郎のことを「大将」と呼んでいた社員たちは、自然と墓守をするようになり、次第にルールも確立されていった。

夕方になると、西武鉄道や、その親会社である国土計画（当時）の社員などが、二人一組で鎌倉を訪れて、バスに乗って霊園まで登り、そこから康次郎の墓まで歩いた。墓石の前には、広い芝生や石畳があり、一対の大きな白い狛犬が目に入る。

彼らの墓守は、鐘楼に登って午後6時から30秒ごとに鐘を突くところから始まる。鐘は時を告げるためにあるが、この鐘だけは「大将」を慰めるために突かれる。鐘を突いた後は、霊園の宿坊に入って一晩を明かすのだが、その長い夜を墓参日誌や康次郎の著書を読んで過ごす。

堤康次郎は1964年に亡くなっており、彼のことを直接知らない社員も増えるが、こうした経験を通じて「大将」が心の中に刻み込まれていく。

創業者の墓を社員が守り続けるというのは、時が経つにつれて前時代的にも感じられてくるが、近年まで受け継がれてきた。公共的な仕事をする鉄道マンが、ここまで個人を慕うのは他に例がない。

翌朝6時、彼らは再び鐘楼に登って鐘を突く。日が高くなるにつれて墓所は明るくなり、風通しも良く、天気が良ければ清々しい気持ちにもなる。

康次郎は生前、アメリカのアーリントン墓地のような明るいところに入ることを望んでおり、ここは彼にとって理想的な場所だった。康次郎は、反対する鎌倉市長を説き伏せて、ここに鎌倉霊園を開いた。自分が望んだ墓に入り、社員たちにずっと付き添われるのだから、康次郎も満足しているだろう。

亡き康次郎と一晩を過ごした社員たちは、この広い墓所を清掃し終えてから下山する。この日の夕方には、雨であろうと雪であろうと、次の社員たちが康次郎の墓を訪れて墓守を続けるのだ。

「700名の社員全員です」

西武鉄道の社員たちは、なぜ、ここまで康次郎のことを慕い続けたのか。堤康次郎は「雷帝」と呼ばれたほど厳しい男である。そんな彼が社員たちに慕われるようになるのは、戦後の2つの出来事が大きなきっかけになっている。

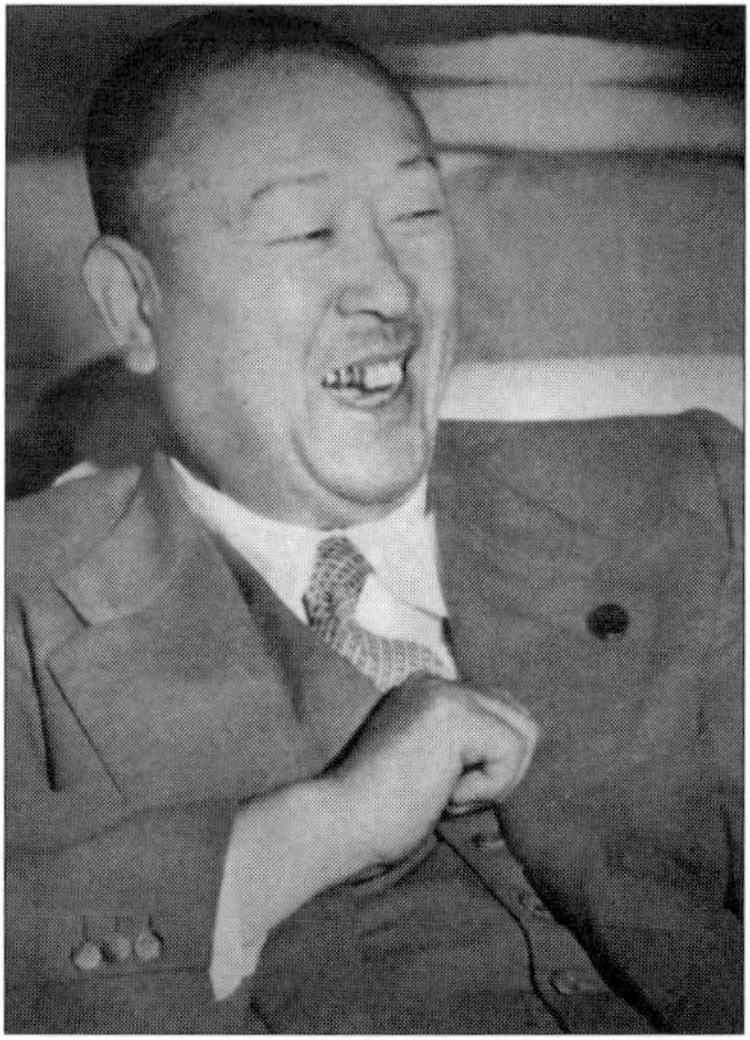

社員に「大将」と呼ばれた堤康次郎

1951年2月14日から15日にかけて、関東地方は大吹雪になった。夜間に降雪がある場合、線路に雪が積もらないように回送電車を走らせ続けるのが一般的な対策だが、西武鉄道では、それだけでなく、社員たちがポイントに湯をかけて鉄道を守った。

鉄道マンであれば、ポイントが雪に弱く、雪が介在してポイント不転換になると、列車の運行が止まってしまうことを知っている。とはいえ、湯で雪を溶かすのは大変で、凍てつく寒さの中で、常に湯をかけ続けないといけない。この厳しい作業を、西武鉄道は社員総出で成し遂げた。

翌日、東京近辺の交通機関は麻痺状態になる中、西武鉄道だけが動いた。これには「雷帝」も感動して、涙したのである。

「誰が殊勲者か」

と、康次郎は指揮を執った者を表彰しようとしたが、

「700名の社員全員です」

と報告を受ける。これにはますます感激した。命じられてやったのではなく、鉄道マンとして一人ひとりが自覚を持って鉄道を守ったのだ。

この時代は労働運動が盛んで、日本中で労働者が会社側と闘っていた。それだけに西武鉄道の社員たちの行動は際立っている。当時の日本はGHQの施政下だったが、そのGHQからも西武鉄道に感状が出たほどで、彼が涙を流すのも無理のないことだった。

康次郎は、この感激のままに行動した。社員を100人ずつ自邸に招いて慰労したのである。西武鉄道の社員も感激したに違いない。堤康次郎は政治家でもあり、この2年後には衆議院議長にまでなる人物だ。まして、彼の事業は鉄道だけではない。そんな「大将」が、鉄道労働者を一人ひとり労ったのだ。

もう1つ、長い鉄道史の中では小さな一コマに過ぎないが、西武鉄道と康次郎にとって忘れられぬ事件がある。

1952年3月9日、埼玉県入間市にある仏子駅で、構内の踏切を渡る老婆が列車にはねられそうになった。列車に気づかないで横断しようとしたのだが、駅員の青年が気づき、飛び出して老婆を救い出す。彼の勇敢な行動により老婆は救われたが、彼自身は列車に触れて殉職してしまった。

康次郎は嘆き悲しみ、葬儀では棺を担ぎ、墓地に向かう時には重い墓標を担いだという。人の命を救うために殉職したとはいえ、前途ある若者に対して誠にすまないと、その死に少しでも報いたいと思ったのだろう。そんな康次郎の背中を、西武鉄道の社員たちは熱い想いで見つめた。

西武鉄道の社員にとって、堤康次郎は「大将」であり、社長と労働者というより、はるかに親しみを感じる存在だった。堤康次郎は、事業家として、政治家として大きな実績を残したが、人を家来のように扱うのではなく、厳しくとも人情味を持って接してきた。この2つの美談でも、計算ではなく感情のまま行動して、社員との距離を縮めている。こうして西武鉄道は、他の鉄道会社とは異なる社風を培うのである。

ちなみに、一昔前まで鉄道会社や航空会社にはストライキがつきもので、特に国鉄は労働組合が強かった。私鉄も似たようなもので、各社の労働組合が私鉄総連に集結して、それぞれ結束してストライキを行ってきた。

鉄道史というのは、裏側から見ると労使の対立の歴史でもある。しかし、西武鉄道だけはストライキを行わず、西武鉄道の労働組合は私鉄総連にも入らなかった。異端の鉄道会社として、独自の歴史を刻んできたのである。

西武王国を築いた男

西武鉄道の社員に「大将」と呼ばれた堤康次郎だが、彼が築いた「西武王国」は西武鉄道だけでない。むしろ鉄道事業は他の事業に比べると参入が遅かった。つまり、堤康次郎は西武王国の主ではあるが、鉄道王だったわけではない。

彼は、1889年に滋賀の農家に生まれている。そして、5歳のときに父に先立たれて、その翌年には、母が実家に帰された。一説には、寡婦となった康次郎の母は、義父に体の関係を迫られて、堤の家にいられなくなったとも言われている。家父長が強い当時の農家では、ありそうな話ではある。

幼くして父母を失った康次郎は、その後は祖父母に育てられた。特に母と生き別れになったことは、彼の女性関係にも深い影響を及ぼすことになる。

14歳になった康次郎は、祖父とともに農業に従事するが、彼が他人と違うのは、農作業を行うだけではなく、農業を勉強したことにある。身につけた知識を活かし、化学肥料を普及させたり、農地の区画整理を進めたりと、後年の事業家、政治家の片鱗をのぞかせた。

祖父母が亡くなると、一転、康次郎は上京して早稲田大学に進学する。先祖伝来の土地や家を金に換えており、学生ながらも郵便局長になったり、渋谷の鉄工所を経営したりと、早くも色々な事業に手を出した。

ただし、これらの事業は成功しない。そんな学生時代を過ごしていたが、大隈重信の頼みで出版事業をやったことなどから、大隈との関係は深まり、政治家としても、事業家としても、この時期に大きな人脈を得る。

康次郎が事業で成功するのは、元号が大正に変わり、康次郎自身も30代になってからだ。官設の信越線が開業して、軽井沢が別荘地として人気になったが、康次郎も軽井沢の開発に参入したのだ。

康次郎は、今までの事業方針を転換し、儲かりそうな話に飛びつくのではなく、誰もやったことのない事業をやっていこうと決意していた。軽井沢の別荘の話を聞いても、わずかな土地を買い入れるのではなく、広大な土地を仕入れて、誰もやったことのないような大規模な開発をしようと考えた。そして、軽井沢からやや離れているが、沓掛（くつかけ）（現在の中軽井沢）で広い土地を見つけると、詰襟の学生服姿で現地に乗り込んだ。名もなき康次郎ではあったが、大隈重信の知遇を得ていることを活かして、この土地の購入に成功する。

こうして、康次郎の開発事業は始まる。別荘の販売、貸別荘、ホテル経営などを行い、さらに足を延ばして、万座温泉や、奇勝「鬼押出し」の土地も買収した。さらに、当時は交通機関が未整備だったが、これらを結ぶ自動車専用道路まで自ら整備した。金を借りて積極的に投資し、インフラ整備を含めて、時間をかけて開発したのである。

開発事業は堤康次郎にとって真骨頂だった。軽井沢の開発に着手した後は、箱根の開発にも着手し、別荘の分譲などを行う。小涌谷～早雲山や、早雲山～大涌谷～湖尻～元箱根を結ぶ道路、熱海と箱根を結ぶ道路も、現在は県道になっているが、すべて康次郎が開通させたものだ。

康次郎は、鉄道に参画する前に、来るべき自動車の時代を予見して道路を敷設した。沓掛（中軽井沢）の別荘では、当時は馬車や人力車が走る時代だったが、約13メートル幅の道路を敷設して地元を驚かせている。

箱根開発に関係して、康次郎は大正末期に駿豆鉄道（現在の伊豆箱根鉄道）の株を持ち始めるようになった。鉄道に関わってこなかった康次郎だが、箱根の開発では駿豆鉄道が必要になったのだ。駿豆鉄道は三島駅～修善寺駅などの鉄道路線を持ち、バス路線も持っている。箱根開発には交通手段が必要で、地元の駿豆鉄道を通じて箱根を開発しようと考えたのである。

しかし、この買収は簡単ではなかった。1924年、康次郎が買収に乗り出すと、これに抵抗する駿豆鉄道の社長は、右翼を使って康次郎を脅迫してきた。「右翼」とは、大化会の会長を務める岩田富美夫のことで、右翼の中でも相当な大物だった。

岩田は、20人の子分を連れて康次郎の自宅に乗り込んだ。朝早い時間であり、康次郎の在宅を狙った朝駆けである。奇襲をかけた岩田の方が有利で、子分たちは康次郎を取り囲み、岩田はピストルを取り出した。

「あの株は売らんのか」

岩田は前日の晩にも康次郎を脅しており、これが最後通告のつもりである。

「売らん」

康次郎は顔色ひとつ変えずに言い放った。この返答を聞くと、岩田はピストルの引き金を引いた。弾は康次郎の首筋をかすめて飛んだが、それでも康次郎はビクともしない。その度胸は尋常ではない。岩田は、20人の子分とピストルを使っても、堅気である康次郎を落とせなかったのである。

岩田はピストルを投げ出して屈服した。岩田も人を束ねる人物である。もはや、捨て台詞を吐いたり、あがいたりすることもなく、潔く負けを認めた。それでも康次郎は動じることなく、この犯罪的な行為を許し、警察も呼ばないで水に流してしまった。

格の違いを見せつけられた岩田は、今度は康次郎のために働くと言い出した。そこは大物右翼の岩田である。岩田は康次郎から金を預かると、社長が保有している駿豆鉄道の株を手に入れて、康次郎に届けた。

こうして、岩田の寝返りによって康次郎は駿豆鉄道の買収に成功した。ちなみに、すでに康次郎は代議士になっており、発端はともかく、国会議員が大物右翼を手なずけて駿豆鉄道を買収してしまったわけだ。

昭和に入ると、康次郎は本格的に鉄道経営を始める。都内で大泉学園の開発をやっていたが、その交通機関である武蔵野鉄道（後の西武池袋線）の経営がおかしくなり、１９３２年から康次郎が経営にあたった。

武蔵野鉄道は、一時は電力会社から供給電圧を下げられてしまい、低速運転を余儀なくされて「幽霊電車」とも呼ばれたが、康次郎は会社再建を成し遂げて、競合する西武鉄道（現在の西武新宿線）も1943年に買収し、戦時中に現在の西武鉄道の形を作り上げる。

康次郎のもう1つの顔

軽井沢や箱根の土地開発から身を起こして、裏の人間の脅しには屈せず、人情味があって、恐ろしいけれども社員に慕われる経営者。こんな英雄的な事業者ではあるが、一方で女性関係は滅茶苦茶だった。康次郎の立志伝を駆け足で見てきたが、時間を戻して、その裏面をたどってみたい。

早稲田大学に入学する前、康次郎は2歳年上の西沢コトという女性と知り合って、娘を産ませている。子どもを授かった康次郎は、入籍まではしたが、上京後に離縁してしまう。ちなみに、コトは山麓に住むおとなしい女性で、この先の康次郎の半生には登場しない。

東京には東京の女がいる。上京後、郵便局の権利を買った康次郎は、ソノという女性を事務員兼秘書として雇った。

ソノは、康次郎の好きな「細面、色白のすらっとした容姿」（中嶋忠三郎『西武王国』その炎と影』）で、当然のように深い関係になった。しかし、男の子を産んだソノだが、入籍すらしてもらえず、非情なことに康次郎の同級生に嫁がされてしまう。それでも息子は嫡男であり、康次郎の祖父から一字をもらい、「清」と名付けられた。

康次郎がソノとの縁を切ったのは、すでに川崎文という別の女性と知り合っていたからだ。文は名家の出で、日本女子大学を出て大隈重信の秘書になった才女である。このときの康次郎は、事業家であるが学生でもある。忙しい康次郎が無事に早稲田大学を卒業できたのも、文の陰の力があったからだと言われている。また、康次郎が軽井沢で土地購入したときには、文が両親などから金を工面したらしい。

家柄も良く、大隈重信との関係からも最高の結婚相手であり、康次郎は28歳で文と結婚した。後に、コトが産んだ淑子と、ソノが産んだ清も呼び寄せている。

これで落ち着いても良さそうなものだが、さらに康次郎の女性遍歴は続いた。文との間には子どもが生まれなかったが、あろうことか、康次郎は商売女からもらった性病を伝染して、文の足を不自由にさせてしまった。

妻妾として名前が残っている人だけでなく、康次郎の女性関係は異常なほどに多いのだが、名前が残っている人の話を先に進めよう。

箱根開発の一環で、康次郎は経営不振の東京土地会社の事業を引き継いだが、会社を支配するだけでなく、経営者である青山家の姉妹も我が物にした。4姉妹の中から2人を愛人にして、次に、操という妹を狙う。頑なだった操だが、抗い続けることはできず、他の姉妹から手を引くことを条件に康次郎の愛人になった。

父親の青山芳三は、娘たちが次々に康次郎の毒牙にかかるのを目にしながら、それを止めることもできず、ついには自殺してしまう。自殺の原因は定かではないものの、事業に失敗し、さらに愛娘たちが穢されていき、もはや耐えられなかったのだろう。娘たちにしてみても、康次郎に人生を滅茶苦茶にされて、父親まで失ってしまったのだ。

操の子どもは、清二と邦子の2人である。清二は、西武の流通事業を引き継いで時代の旗手になる人物である。しかし、清二の出生には疑惑があり、生みの親は操ではなく、操の姉というのが公然の秘密になっている。姉妹とも康次郎の愛人だったので、母親は誰であれ父親は康次郎だ。この話は清二自身も匂わせており、確証はないが信憑性は高い。

どちらにしても、正妻の文夫人にとっては愛人に子どもができたわけで、操にとっても否応なく康次郎の妾にされて、ともに残酷な話である。

40歳を過ぎても、康次郎の女性遍歴は止まらない。

国会議員となった康次郎は、新潟選出の代議士である石塚三郎の娘と強引に関係を持った。仲間の娘だから年齢も若い。この娘が恒子で、義明、康弘、猶二を産むことになる。それにしても、嫁ぎ先に困らない代議士の娘が、妻妾ある康次郎の妾にされたのだから尋常ではない。

康次郎の息子だけ見ても、ソノが生んだ長男の清、操の子である次男の清二、恒子が産んだ三男の義明、四男の康弘、五男の猶二と、複雑な異母兄弟が誕生した。当然ながら、この血縁は次の世代に影響を及ぼしていくことになる。

糞尿を運んだ「大将」と社員

もう一度、康次郎の事業の歩みに話を戻そう。

１９４４年、首都東京では深刻な都市問題が発生していた。それまで東京の糞尿は海に捨てられていたが、戦局の悪化によってトラックが走れなくなり、処理できなくなった。糞尿だけに放置するわけにもいかず、まことに逼迫した状況である。

頭を痛めた都知事は、食糧増産のためにも、都心の糞尿を鉄道で郊外に運ぼうと考えたが、当然ながら快く引き受ける事業者はいない。鉄道事業者にしても、働き手を徴兵にとられてしまい、正義感はあっても、現実的には引き受けられなかったのだ。

そんな中、堤康次郎だけが都知事の要請を受け入れたのである。もちろん、武蔵野鉄道も西武鉄道も人間を輸送するだけで精一杯で、社内からは困惑の声が上がる。それでも康次郎は断行した。

黄金列車。糞尿を積んだタンク車がつらなっている
（李家正文『糞尿と生活文化』より）

糞尿輸送は鉄道史の本流ではないが、戦中・戦後の難局の中で、鉄道会社の経営者や労働者たちも必死に戦い、その中でも、特に康次郎たちが意地を見せたことを伝える。鉄道が糞尿を運んだことは、現在から考えると面白い鉄道雑学ではあるが、当時は深刻な問題だった。

こうして糞尿の輸送は実行に移された。井荻駅より西の各駅には肥溜めが作られて、人の輸送が終わる深夜を利用して糞尿を運ぶ「黄金列車」が運行された。

駅に設置された肥溜めは、バルブを開くだけで糞尿が流れ出る仕組みになっており、肥料がタダで簡単に手に入る。康次郎は、農家が喜んで取りに来るものと期待したが、その予想は見事に外れた。すでに化学肥料に慣れていた農家は、人手不足もあって、物資が不足する戦中・戦後とはいっても、人間の糞尿を駅まで取りに来ることはなかったのだ。

こうなると、武蔵野鉄道、西武鉄道の各駅に糞尿が溢れてしまうから大変だ。さらに、模範社員とされていた保線区の社員からは、「こんな糞尿仕事のようななり下がった仕事をやらされては、先祖に対して申訳がない」（堤康次郎『苦闘三十年』）と、辞表を出される始末である。

康次郎は彼らを説得するとともに、自らも家内（といっても妻妾が多いのでわかりにくいが、本妻の文夫人ではなく操のことだろう）や、娘たちも総動員して、社員とともに駅の糞尿を汲み出して農家に運んだ。

若いときに農業をやっていた康次郎だが、このとき誤って糞尿を頭からかぶってしまった。糞尿にはアンモニアが含まれるので氷水のように冷たく、冬だからたまらない。それでも、人海戦術で届けないと、引き取ってもらえなかったのである。

大変な仕事ではあったが、糞尿をかぶりながら働く康次郎の姿は、当然ながら鉄道マンたちを奮起させた。金儲けというより、社会問題を社員とともに成し遂げたことは、彼らと康次郎の間に強固な絆を生んだ。西武鉄道が独自の社風を生むのも、この糞尿輸送を10年間も行ったことが最大の要因であると、康次郎自身が振り返っている。

こうして、鉄道の世界では新参の康次郎だったが、この実行力で名を高めた。軽井沢、箱根の開発で事業を大きくした康次郎だが、これ以降は「西武」の看板で事業を大きくしていくことになる。

一方、鉄道から話は逸れるが、避けては通れない事業がもう1つある。

戦後、皇籍から離脱された旧皇族は、財産税を払うために土地を手放さざるを得ず、それを康次郎が買い取り、その敷地にプリンスホテルを建てた。ホテルの世界でも西武は新参だったが、由緒ある土地に建てられたホテルは強力なブランド力を持ち、全国展開によって急成長を遂げる。

ちなみに、軽井沢の千ヶ滝プリンスホテルは朝香宮の旧別荘で、のちに美智子さまと皇太子殿下（当時）の「テニスコートの恋」の舞台になった。都心でも、竹田宮邸は高輪プリンスホテル、北白川宮邸は新高輪プリンスホテル、李王家邸は赤坂プリンスホテル、東伏見宮別邸は横浜プリンスホテルになった。増上寺の土地にも、皇女和宮の霊廟を壊して東京プリンスホテルが建てられている。

これらの土地買収は、旧皇族の足元を見たのではないかとの批判もあるが、一概には言えない。賛否はともかく、康次郎の土地に対する執念は尋常ではなく、その熱意があったからこそ次々に手に入れたのだ。こうして、プリンスホテルは急速に発展して、西武王国の中でも巨大な事業となっていく。

「大将」と息子たち

戦後も大きく発展していく西武王国だが、忌まわしい過去を背負って生きる子どもたちは、それぞれ背負った十字架に苦しむことになった。

長男の清は、あるとき康次郎の怒りを買って廃嫡させられた。清の母は、入籍もされず、康次郎の友人に嫁がされたソノであり、清が康次郎に対して複雑な気持ちを持っていても当然である。その上、康次郎は清の新妻にまで手を出そうとしたらしく、清は自ら進んで康次郎から離れたようだ。それでも、彼は西武王国の1つである近江鉄道の社長になっており、完全に西武から離れたわけでもなかった。

二男の清二の方は、学生時代に共産党に入党している。彼は、姉妹が次々と愛人にさせられた青山姉妹のいずれかの息子である。彼にとっても康次郎は複雑な存在で、共産党への入党は、政治家でもある康次郎の顔に泥を塗るものだった。清二は西武百貨店に入って西武の流通事業を担ったが、西武王国の本流を継ぐことはなかった。

清二の母である操については、妻妾がせめぎ合う中で愛人から本妻の地位を得たことを記しておかなければならない。1953年、衆議院議長に就任した康次郎は、天皇への謁見に操を連れて行ったが、「妾を連れての謁見など怪しからん」との批判を受ける。体裁が悪いため、康次郎は文と離婚して操と入籍した。

妻妾が入れ替わり、本妻の子になった清二だが、辻井喬というペンネームで堤家の忌まわしいことを小説として吐き出していく。それでも事業の方では功績を残し、西武の流通事業を大きく発展させて、「西武」の文字が入らない「セゾングループ」を作り上げる。西武は、異母兄弟で事実上の分割統治になった。

そして、西武王国の本体を継いだのは三男の義明である。当然、看板会社の西武鉄道も義明の傘下になった。

義明は、康次郎が存命の頃に大磯ロングビーチを開業し、康次郎の死後には苗場や志賀高原にスキー場とプリンスホテルを開業させている。西武球場を作って西武ライオンズの球団経営にも参入しており、球団の活躍とともに西武の知名度を上げることに成功した。スポーツ好きなこともあって、彼には特にレジャー関連の功績が目立つ。

義明は、アメリカの雑誌で「世界一の富豪」として紹介されており、西武王国の最盛期を味わったが、義明の母である恒子は妾のまま生涯を終えることになった。恒子は義明の結婚式にも出席できず、義明は悲しい思いを持ち続けた。

康次郎の子どもは名が知られていない人も多い。彼の側近で弁護士だった中嶋忠三郎によると、「堤の子供の人数を見ただけでも、堤の色好みは並大抵のものではなく、ケタ外れ」（中嶋忠三郎『「西武王国」その炎と影』）で、遺産相続問題が起きれば西武王国はバラバラになる危険性があった。そのため、これらの子どもたちには相応の配慮をしながらも、彼らに一筆を書かせて相続問題の芽を摘み取ったという。

余談だが、8代将軍の吉宗の時代に「天一坊事件」というのがあった。吉宗の御落胤を名乗る天一坊という山伏が江戸に現れて騒ぎになったのだ。当の吉宗にも「御落胤」には身に覚えがあったが、顛末としては、将軍の子である天一坊は死罪になる。たとえ御落胤であっても、天一坊は不逞の輩を従えて世間を騒がせており、これによって死罪を受けたのだ。

康次郎には天一坊を思い起こさせる話がある。

康次郎の天一坊は、滋賀の地元で生まれた。彼は30歳を過ぎても経済的に苦労していて、哀れに感じた康次郎が西武のゴルフ場の働き口を世話した。しかし、彼には堤康次郎の息子であるとの自尊心が芽生えてしまう。

学生の義明がゴルフの練習に来た時に、彼は義明の態度の悪さに腹を立てて、「殴ってやろうかと思った」という。母は異なるが、彼から見ると義明は弟である。もしも、彼が本当に義明を殴っていれば、天一坊ではないが、西武から捨てられたかもしれない。しかし、このときは何とか踏みとどまった。康次郎が逝去した時にも、彼は名乗り出ることなく、関係者は胸をなでおろしたという。

そんな堤康次郎は、今は巨大な墓に1人で眠っている。妻妾が多いため、本妻だけを彼の墓に入れるわけにはいかず、かといって妻妾を一緒に墓に入れることもできず、結果的に彼は1人で大きな墓で眠ることになった。女性に対して欲望を抑えられなかった康次郎は、死んでから女性を遠ざけられる結果になったのだ。

これから彼の巨大な墓は誰が守っていくのだろうか。康次郎には、認知していない子も含めて大勢の子どもがいたが、西武鉄道の一連の不祥事の後、彼らは経営から遠ざけられてしまった。新生西武鉄道の社員も、もはや彼の墓守には行かないだろう。多くの社員に慕われた「大将」は、いよいよ本当に1人になるのかもしれない。

Episode: 10

【駅施設や土地買収をめぐる疑惑】

新幹線の利権を手にしたのは誰か？

1959年4月20日、東海道新幹線の起工式が新丹那トンネルの入り口で執り行われた。国鉄総裁である十河信二は、

「広軌新幹線は世紀の着工式をあげました」

と挨拶する。

まさに「世紀の着工式」だった。

明治時代から戦時中の弾丸列車計画に至るまで、標準軌（広軌）の鉄道は失敗し続けている。明治時代には、初代満鉄総裁で初代鉄道院総裁を務めた後藤新平が、主要幹線を標準軌に改軌しようと考えたが、これは政治家に阻まれた。政治家にしてみれば、主要路線を改軌するよりも、全国に鉄道を敷設する方が票になるからだ。

それから半世紀が経ち、ようやく標準軌の高速鉄道が実現する。後藤の下で働いていた十

河も75歳になっていた。後藤の執念は十河によって叶えられようとしていた。
しかし、これで一件落着ではなかった。首相の岸信介をはじめとして、内閣は十河の更迭を決めていた。十河の任期が1ヶ月後に迫り、十河自身は再任を望んだが、すでに内閣は後継者選びを進めていたのだ。

国鉄総裁のポストは、そもそも政治に翻弄されるものである。老齢の十河が国鉄総裁になったのも、なり手が見つからず、時の内閣が口説き落としたからで、まさに三顧の礼だった。しかし、再任を望む十河は、今度は追い出される立場になった。国鉄総裁のポストが政治に翻弄される以上、東海道新幹線も安泰ではない。それだけに、この人事は注目された。

そして起工式の2日後、ある人物が辞表を持って岸信介首相を訪ねた。現れたのは、国鉄総裁の十河信二ではなく、運輸大臣の永野護である。なぜ、更迭されるはずの十河ではなく、所管大臣の永野が辞表を出したのか。

1959年5月10日号の「週刊朝日」によると、国鉄総裁の人事を巡って大物政治家たちが動いたと解説している。以下、その記事を要約する。

このときの大蔵大臣は佐藤栄作だが、元鉄道官僚の佐藤ですら十河を守るつもりはなかった。佐藤が十河を辞めさせようとしたのは、新幹線の資金計画に納得がいかなかったからである。佐藤は、「(十河は) ぼけているんじゃないか」と永野に漏らしていた(前述したように、十河は見積もり額を半分にして国会を通してしまった。ぼけたわけではなく、したたかだったのだ）。

首相、運輸大臣、そして鉄道省出身の大蔵大臣と、国鉄に影響を及ぼす人たちは揃って十河を辞めさせる腹だった。

しかし、西武の堤康次郎が十河再任に向けて積極的に動きだしたのである。堤は経営者であると同時に、衆議院議長を務めたほどの政治家でもある。岸首相や佐藤栄作と面会して、それぞれ2時間以上も十河の再任を訴えた。

堤が国鉄総裁人事に口を出すのは、「永野護を『東急偏向大臣、五島慶太の代官』として憎んでいた」ためで、西武と東急の確執が理由とされる。西武と東急は箱根の開発を巡って「箱根戦争」と呼ばれる泥仕合を演じており、それが十河の再任問題にまで飛び火したという。

十河を支持したのは堤だけではない。「内閣の言いなりになる人物を据えてはならない」と、新聞各紙は十河の更迭に反対した。財界も、十河の労組対応を評価して再任を支持する。国鉄内部からも、十河の再任を求める陳情が寄せられた。

さらに、吉田茂が「十河留任」と佐藤蔵相に意向を伝えてきた（もはや吉田茂の時代ではなかったが、佐藤栄作は「吉田学校」に属しており、その影響力は大きかった）。こうして、佐藤は十河再任に転換するのである。

「ついこのあいだまで、小倉副総裁を昇格させると主張していた人が、あっという間に、十河総裁再任説に変わってしまっている」

永野は、最後の記者会見で不満をぶちまけた。彼の辞任は、狭心症による健康不安が理由だが、十河の再任にも嫌気がさしていた。

以上が週刊朝日の記事だが、新聞各紙も永野の辞任を額面通りに受け取っていない。こうして、マスコミを賑わした国鉄総裁の人事は、土壇場でひっくり返り、十河の首はつながったのである。

岐阜羽島駅の疑惑

しかし、新幹線と政治の問題は再燃する。

起工式や十河の再任問題から半年が経った11月14日、ようやく新幹線の中間駅が発表された。横浜（新横浜）、小田原、熱海、静岡、浜松、豊橋、名古屋、米原、京都と、新横浜を除けば東海道線の主要駅である。弾丸列車計画とも大差はなく、誰にとっても違和感がなかった。ところが、数日後に岐阜羽島駅の新設が明らかになり、物議を醸すことになった。

岐阜羽島駅は岐阜県の羽島市にあり、人口は4万人ほどしかない（現在は約7万人に増加

岐阜羽島駅前に建つ大野伴睦夫妻の銅像

している）。人口は少なく、在来線とも離れており、熱海などと違って観光地も近くにない。朝日新聞は「東海道新幹線に『政治駅』」と大きく報じて批判した。岐阜県は、自民党の重鎮で党副総裁を務める大野伴睦の地元で、大野伴睦がつくらせた政治駅だというのだ。

この話は、現在に至るまで広く信じられている。駅前には大野伴睦の銅像が建ち、政治駅であることを裏打ちするかのようである。

さらに、東海道新幹線のルートを見ると、名古屋と京都・大阪は直線で結ばれておらず、米原を経由して大きく迂回している。これも大野伴睦が捻じ曲げたもので、関ケ原付近の降雪で東海道新幹線が遅れるのも、その元凶は大野伴睦だと言う人がいる。

しかし、少なくともルートの件は明らかな誤解だ。名古屋と大阪を直線で結ぶと鈴鹿山脈をトンネルで抜けることになり、それでは東京オリンピックに間に合わない。難工事を避けて、米原周りのルートになったのである。

その米原周りのルートでも、在来線のルートから大きく逸れることになり、岐阜駅や大垣駅は通らない。岐阜県内のルート上には、乗り継ぎの点でも、都市の大きさを考えても、新幹線の駅をつくるべきところがなかった。

しかし、それでは岐阜県が納得しない。大野伴睦も、「岐阜県内に駅が1つもないことは絶対に承服できぬ。どうしても駅をつくらなければ、岐阜県内を通過させぬ」と、怒りのコメントを出した。岐阜県では「岐阜県民総決起大会」が開かれて、県境には「鉄道員入るべからず」の立札が立てられ、収拾がつかなくなる。

こうした事態に大野伴睦が仲介に立って、国鉄から岐阜羽島駅の建設を引き出し、なんとか岐阜県内をまとめたのだ。大野伴睦は、東海道新幹線の功労者とも言えるだろう。

利権を手にした真の人物

岐阜羽島駅の騒動がカモフラージュであるかのように、新幹線には別の大きな利権が動いていた。実は、密かに西武の堤康次郎が巨利を得ていたのだ。それは、近年になって、1冊の本によって明らかになった。

本のタイトルは『「西武王国」その炎と影』で、著者は、堤康次郎の側近の中嶋忠三郎である。中嶋は、西武の社内弁護士だった人物で、西武が行ってきた数々の問題行為に関わってきた。それだけに、本には際どい内容も含まれている。実際、この本は紆余曲折を経ることになった。中嶋が本を書いたのは、康次郎が亡くなった26年後の1990年のことだが、発売直前になって西武が買い取ってしまい、事実上の「発禁本」になってしまった。

中嶋には暴露本という意識はなく、本が出せなかったのは不本意だっただろう。彼は、康次郎に忠実に仕えて、誰よりも西武を愛しつづけた男である。本の「あとがき」にも、「風化しつつある西武草創の精神を王国全体に蘇らせ浸透させよう」と書いており、当時の経営者たちに読ませたかったのだ。

しかし、本は封印されて、その8年後に中嶋は世を去った。中嶋は、汚い仕事も厭わずに西武を支え続けてきたが、西武の書物からは名前が消されて、晩年は寂しい思いを抱くことになった。

この本に転機が訪れるのは、西武が総会屋利益供与事件などで大きく揺れた2004年のことである。中嶋の子息が本を世に出して、父の無念を果たしたのだ。

　この本には、新幹線の利権についても書かれていた。堤康次郎は、事前に新幹線が通る土地の情報を得て、周辺の土地を買収したという。

「堤は、新横浜駅建設予定地を測量が始められる以前に知り、その周辺の地所を何万坪も買い占めていた。しかも、西武の名を出せば直ちに察知されると思い、関係する不動産会社を使って農家から買収していたのである。堤がどこから情報を得たかは、はなはだ微妙な問題ではあったが、国鉄筋からの情報には間違いないところであった」（前掲書）

　新幹線の予定地となれば、間違いなく土地の値段は高騰する。その情報が知れ渡る前に農家から土地を買ったのだ。あとで農家は悔しがることになるが、土地は康次郎の手に落ちた後である。

「西武としては、農家の人達がお互いに連絡を取り合い、団結して登記の無効訴訟を起こしたり、騒ぎ出しでもしたら厄介だということで、西武の弁護団が鎮めにかかった。私はその先頭に立って問題解決に奔走した」（前掲書）

　どのような解決方法だったかは記されていないが、西武は土地買収の専門集団である。岐阜羽島駅とは違い、世間に騒がれることなく問題は片づけられた。大野伴睦は汚名をかぶり、堤康次郎は切り抜けたのである。

「西武がここでいかに大きな利益を上げたかは計り知れない。まかり間違えば、大変な事件に発展するところであった。その他、新大阪駅周辺の土地や中国・九州まで買収を進め、莫大な利益を上げたのであった」（前掲書）

西武が得た利益というのは、東海道新幹線だけでなく、その後の山陽新幹線にまで及んだという。つまり、長年に亘って利益を吸い続けたのだ。

それにしても、なぜ、堤康次郎に新幹線の利権が転がり込んだのだろうか。多くの謎が残されたままである。

十河信二は、新幹線の起工式を花道に国鉄総裁を辞めさせられるはずだった。しかし、堤康次郎が動き、吉田茂が佐藤栄作にくぎを刺したことで、この人事はひっくり返った。十河の人事問題と、堤が手にした利権は、何の関係もなかったのだろうか。そして、堤康次郎に情報を与えた「国鉄筋」とは誰だったのか。堤が得た「大きな利益」は政界工作には使われなかったのか。

中嶋は、詳しいことは明らかにせず、静かに世を去った。まさに、封印された鉄道史である。

新幹線で国土を豊かに

東海道・山陽新幹線が開業すると、次は東北・上越新幹線である。ここから先は戦前の弾丸列車計画とも関係なく、戦後の政治が決めたルートになる。そして、この〝北〟の新幹線と関わりが深いのが、「コンピュータ付きブルドーザー」「目白の闇将軍」の異名を持つ田中角栄だ。

田中角栄の故郷は現在の新潟県柏崎市で、広い新潟県の中でも中越地方にあたる。この地域は、南に豪雪地帯の魚沼、北に金物で知られる三条市、そして中心に長岡市があり、当時の衆議院の選挙区は新潟三区（中選挙区）である。この土地が、政治家・田中角栄の基盤だ。

第64・65代総理大臣を務めた田中角栄

ちなみに、「上尾事件」の舞台となった高崎線を北上すると、途中に三国峠が立ちはだかるが、そこから先は気候風土も大きく変わり、田中角栄の基盤である新潟県の中越地方になる。高崎線というのは、同じ線路の上を、地方からの長距離輸送と首都圏の近距離列車が混在して走る路線で、新潟や長野からの長距離列車が遅れると、通勤電車のダイヤまで乱れた。東京に産業や人が集中する中で、鉄道でも、地方と首都圏の利害対立は顕在化していた。

第1章で書いた上尾事件・首都圏国電暴動事件は、まさに田中角栄が首相の時に起きた事件だ。そのため、角栄にとっては特に重大な事件だったが、彼の原点は飽くまで三国峠の向こうの新潟県である。新潟県は、冬は豪雪という大きなハンディがあり、多くの人が出稼ぎに行かざるを得なかった。また、日本海側は「裏日本」などと呼ばれて、太平洋側に比べても発展が遅れていた。

田中角栄は、初めて国会議員に立候補した時に、

「越後山脈のどてっ腹に穴を開け、高速の鉄道を建設し、道路を通し、二時間か三時間で東京に着くようにしてみせる」（早野透『田中角栄』）

と演説している。ちなみに、戦後すぐの1946年のことで、当時としては壮大過ぎる話だ。このときの田中角栄は、東京に移住して田中土建という会社を興しており、まさに土建屋の発想だった。それでも、新潟と関東を隔てる三国峠をくり抜き、暖かい風を新潟に届けたいと本気で考えた。

1972年に角栄自身が出版した『日本列島改造論』では、

「工業再配置と交通・情報通信の全国的ネットワークの形成をテコにして、人とカネとものの流れを巨大都市から地方に逆流させる『地方分散』を推進することにした」

「人口と産業の大都市集中は、繁栄する今日の日本をつくりあげる原動力であった。しかし、この巨大な流れは、同時に、大都会の二間のアパートだけを故郷とする人びとを輩出させ、地方から若者の姿を消し、いなかに年寄りと重労働に苦しむ主婦を取り残す結果となった」

と、地方の問題について持論を述べている。

田中角栄は、小学校卒業の学歴で総理大臣にまでなり、本当に三国峠に穴を開けて、上越新幹線も関越自動車道も開業させた。首都圏で暴動が起きる2年前には、すでに上越新幹線が着工している。

「全国新幹線鉄道網が実現すれば、日本列島の拠点はそれぞれが一―三時間の圏内にはいり、拠点都市どうしが事実上、一体化する。新潟市内は東京都内と同じになり……」（田中角栄『日本列島改造論』）

――上越新幹線が開業すれば、高崎線の長距離電車の多くは新幹線に移行するし、そもそも東京への一極集中はなくなる――

田中角栄は、首都圏の暴動よりも大きなものに目を向けていたのだ。

田中角栄と鉄道

その田中角栄を政治家として出世させたのも、実は鉄道である。1950年に長岡市を走る長岡鉄道の社長になり、政治家として名を上げた。長岡鉄道は、石炭の高騰によって経営難に陥り、存続すら危ぶまれていた。そんな状況で、地元選出の国会議員、田中角栄に白羽の矢が立ったのだ。

長岡鉄道を経営再建させるには、蒸気機関車から電車に転換して、石炭燃料から脱却しなければならなかった。そのためには資金が必要だ。そこで、田中角栄は持ち前の実行力を発揮して、政府系金融機関などから資金を調達することに成功する。こうして長岡鉄道の電化を実現し、地元からは大きな称賛を受けた。

一方で、田中角栄といえば「道路」のイメージが強い。実際、1953年には議員立法で道路特定財源を実現している。日本の道路整備は遅れていたが、これを一気に加速させるため、税金を投入する仕組みを作り上げたのだ。この仕事を通じて、建設官僚との関係も深めて、力のある政治家に育っていく。

道路が整備されると、時代はモータリゼーションへと突入していった。長岡鉄道でも、鉄道よりバスが重要になっていたが、長岡鉄道のバス事業は中越自動車と競合していた。そのため、剛腕の田中角栄は、東急の五島慶太や国際興業バスの小佐野賢治と手を組み、中越自動車を買収しようと企てる。中越自動車の社長も防戦するが、五島や小佐野が相手では歯が立たず、社長の持ち株は田中角栄の手に渡ってしまう。

田中角栄は、中越自動車の乗っ取りに成功すると、１９６０年に長岡鉄道、中越自動車、そして栃尾電鉄も加えて、三社合併で越後交通を誕生させる。こうして、田中角栄は新潟三区の交通を手中にしたのである。これが、政治家・田中角栄の土台となる。

その後、自民党の政務調査会長を経て、池田内閣で大蔵大臣になった。そうなると、ローカル鉄道の敷設にも強い意欲を見せる。「橋は三年、鉄道は一生」と言われるように、鉄道建設は議員の政治生命にもかかわる。特に田中角栄は、地方のハンディを克服させたいと願っており、一気に、ローカル線建設の予算を倍増しようとした。

一方、東海道新幹線に執念を燃やす十河信二は、ローカル線の建設予算まで新幹線に回してしまう。当然、国会議員にとっては苦々しい存在だった。

当時、鉄道建設の権限は国鉄ではなく国会議員が握っていた。国鉄が好きなように路線を建設するのではなく、鉄道敷設法によって建設予定線が決められていたのだ。そのうえ、その着工や事前調査は、運輸省の諮問機関である鉄道建設審議会が決める。この審議会は、運輸省の諮問機関とはいっても、与党の大物政治家が参加しており、事実上、政治家が権限を掌握していた。しかし、それを十河信二は踏みにじる。

東海道新幹線について、

「国鉄総裁には、新線建設を決定する権限を与えていない」

と政治家に言われても、

「東海道本線の別線として、線路増設工事をするのである。審議会に問う必要はない」

と耳を貸さない（有賀宗吉『十河信二』）。

ここまで強引な十河老人がいたからこそ、東海道新幹線は実現したのである。

一方で、大蔵大臣になった田中角栄は、鉄道建設公団という仕組みを作り、政治の力を強めていく。鉄道建設を国鉄から切り離したのだ。この後、鉄建公団は赤字ローカル線を作り続け、その運営を国鉄に押し付ける。当然ながら、この施策は国鉄の経営を悪化させる大きな要因となる。

在来線だけでなく、新幹線の建設も国鉄から切り離した。東海道、山陽新幹線の場合には、在来線だけでは線路容量が逼迫するため、必要に迫られて建設したという側面もある。弾丸列車が計画されたのも同じ理由からだった。

しかし、この後の新幹線の整備は、線路容量の逼迫ではなく、国土開発を目的にして進めることになった。そのために全国新幹線鉄道整備法という法律が作られて、これに基づいて多数の新幹線路線が「基本計画」として決められた。

その中でも、すぐに着工が決まったのが東北新幹線、上越新幹線、成田新幹線である。奇しくも、岩手には鈴木善幸総務会長、千葉には水田三喜男政調会長、そして新潟には田中角栄幹事長がおり、自民党三役の地元を通る新幹線だ。政治が強く関与したのではないかと疑われたが、それも無理のないことだった（ちなみに、成田新幹線は住民の反対もあって実現しない）。

その田中角栄は、1972年に行われた自民党の総裁選で、ついに総理大臣にまで上り詰めた。この総裁選では福田赳夫らと争ったが、田中角栄の陣営は大量の金をばら撒き、なりふり構わない戦術で選挙戦を制したのである。

このとき、田中角栄のスポンサーになったのは、国際興業バスの創業者で、東北の観光や運輸業を手広く営む小佐野賢治だと言われている。この人物は、田中角栄が中越自動車を買収する際に、相手の株を手に入れて田中角栄の権力基盤を確立させている。

ルポライターで多数の著作のある大下英治は、『角栄と二人三脚天下獲り』の中で、小佐野賢治が大金を投じた理由を書いている。

「金を六十億円使おうとも、角栄が一国の総理総裁ともなれば、安い買い物であった。大きな利権が転がりこんでくる。

東北、上越新幹線の利権が、小佐野の脳裏にちらついていたとみてまちがいあるまい。そのために、昭和四十年ごろから、角栄と綿密な情報交換をし、花巻温泉をはじめとする東北の施設や土地をたてつづけに買収していた。

これからも、おおいにそれはつづける。前もってルートを知り、いや、というより自分がルート決めに加わり、その周辺の土地を国際興業のダミーを使って買い占める。ルートが発表されたあと、高値で売る。ぼろ儲けだ」

やはり、東北・上越新幹線の利権が田中角栄を総理大臣にしたのだろうか。仮にそうだとしても、政商・小佐野賢治との関係は諸刃の剣だった。1976年には、2人はロッキード事件の被告になる。

1982年、新潟や東北の人々の悲願が叶い、東北、上越新幹線が大宮まで開業した。田中角栄は、ロッキード事件の被告という立場で開業を迎えたが、政治家としては依然として健在だった。それどころか、この翌年の総選挙では大量得票で当選するのである。

東北、上越新幹線の利権はどうなったのか。小佐野賢治に甘い汁を吸わせて、総裁選の恩義に報いたのか。その辺の事情は、今もってよくわからない。

【鉄道会社と企業買収】

村上ファンドに買収された阪神電鉄

Episode: 11

鉄道会社は誰のものか――。

株式会社であれば、鉄道会社にも株主が存在する。３分の１以上の株を保有すれば、株主総会で特別決議を否決させられるし、過半数を保有すれば、取締役の交代、重要事項の決定など、すべての議案が思い通りになる。つまり、過半数の株を買い占めれば、公共機関である鉄道会社といえども、第三者によって乗っ取られるのである。

これは教科書的な理屈ではない。２００５年、それが現実のものとなった。関西の老舗私鉄である阪神電鉄が、村上ファンドに買収されたのだ。

阪神電鉄とはどのような鉄道会社なのか。

関西の大手私鉄の１つだが、主要路線は大阪（梅田）と神戸（元町）を結ぶ本線だけで、当時、それ以外に目立った路線はなかった。阪神なんば線が近鉄奈良線とつながり、相互直通運転を開始するのは後のことである（ただし、このときにはその実現は決まっていた）。いずれにしても、阪神電鉄は大手私鉄に分類されるが、その中では小さな鉄道会社である。

しかし、阪神電鉄の歴史は古く、１９０５年に阪神間を開業しており、日本で初めて都市間を電車で結んだ老舗である。ところが、15年後の１９１６年に現在の阪急電鉄神戸線が開通すると、両社は熾烈な競争に突入する。当時の阪急電鉄の社名は「箕面有馬電気軌道」だったが、阪神電鉄に当てつけるように「阪神急行電鉄」に変更したぐらいだ。

鉄道の競争は両社とも譲らなかったが、事業では阪急が圧倒し、この点では阪神電鉄は足元にも及ばない。

鉄道会社というのは、沿線で分譲住宅を販売して事業資金を得る。今でこそ当たり前の手法だが、その初めは、１９１０年の箕面有馬電気軌道（後の阪急電鉄）による池田室町の分譲住宅だった。この郊外住宅は10万平方メートルの広さで、「日本ではじめてといわれるローン方式」（津金澤聰廣『宝塚戦略』）で販売されており、このおかげで普通のサラリーマンが住宅を所有できるようになった。一方の阪神電鉄も1年前に西宮で住宅の賃貸を行っているが、1年早かったのが慰めだが、比較対象にはならないだろう。

ターミナル駅に百貨店を立てたのも阪急電鉄が最初である。梅田の阪急ビルに白木屋をテナントとして入れたのは１９２０年で、１９２９年には阪急百貨店になり、現在でも阪急うめだ本店は関西トップの売上高を誇っている。阪神電鉄も百貨店を設立するが、阪急電鉄が先鞭をつけたからこそ後に続くことができた。

宝塚歌劇団も、大正の初期に阪急電鉄（当時は箕面有馬電気軌道）が「宝塚新温泉」で始めたものである。宝塚新温泉は、箕面有馬電気軌道が鉄道開業の翌年に開園したもので、大理石造りの大浴場や洋館の娯楽施設があり、温泉というより健康ランドやテーマパークに近かった。

この時代、庶民が豊かになり、郊外に住宅が広がって鉄道が大いに発展する。また、住宅とともに大衆娯楽施設も求められ、宝塚歌劇は時流に乗った。

一方の阪神電鉄も香櫨園遊園地の経営に関わっており、大衆娯楽施設の先駆者である。これは広大な遊園地で動物園もあったが、１９０７年に開設して１９１３年には廃園になった。ちなみに、阪急電鉄が開園した箕面動物園も数年で廃止になっており、時流に乗っても事業として成立させるのは容易ではなかった。

このように、阪急電鉄は「電鉄ビジネス」の先達者であり、創業者である小林一三は歴史に名を残した。阪神電鉄をこれと比較するのは酷かもしれない。

それでも、野球に関しては阪神電鉄の方が優位だった。１９１５年、全国高等学校野球選

阪神の代名詞と言える阪神甲子園球場（©Ryo）

手権大会の前身、全国中等学校優勝野球大会の第1回大会が豊中球場で開催される。これも阪急電鉄が始めたものだが、手狭な豊中球場では観客が収容できなくなり、１９１７年に鳴尾球場、１９２４年に甲子園球場へと、阪神電鉄の球場に移された。

当時、箕面有馬軌道と称した阪急電鉄は、老舗の阪神電鉄には資金力で勝てなかったのである。これ以降、高校球児たちの熱戦の舞台は甲子園球場になった。

プロ野球でも阪神電鉄は成功した。

１９３６年に始まった日本職業野球連盟には、「大阪タイガース」と「阪急軍」も名を連ねたが、１９５０年に2リーグ制になり、「阪急ブレーブス」はパシフィック・リーグになり、両者の球団ビジネスの運命は分かれた。

阪神タイガースは人気球団として現在まで続いているが、阪急ブレーブスの方は、巨人戦がないこともあって人気が高まらず、1988年にオリックスに売却された。鉄道会社としては地味な阪神電鉄だが、こうして阪神タイガースという大きな資産を得た。阪神電鉄とは、そういう鉄道会社である。

村上ファンドによる阪神電鉄の買収

では、その阪神電鉄を買収した「村上ファンド」とは何者なのか。

2003年、「村上ファンド」がニッポン放送の株を大量に保有していることが明らかになり、世間は騒然となる。ラジオ局に過ぎないニッポン放送だが、当時はフジテレビの株を30%以上保有しており、ニッポン放送を買収すればフジテレビに対して強大な影響力を持つことになる。

このニッポン放送の買収には、堀江貴文が率いるライブドアが乗ってきた。ライブドアはポータルサイトを運営するITベンチャーだったが、圧倒的なヤフージャパンを前に存在感は薄かった。ネットショップ、ネットバンク、ネット証券などが次々に生まれて、ネットが人々の生活や産業に大きな変化をもたらす時期だが、この方面では楽天に勝てない。事業では目立たないライブドアだが、楽天に先んじてプロ野球の球団買収に名乗りを上げて有名になり、堀江貴文は「ホリエモン」と呼ばれて、その愛称は社名の「ライブドア」よりも知られたほどだ。

そのライブドアは、最終的にニッポン放送の株を35％も買い占めて、フジテレビの支配は現実的なものとなった。ライブドアの後には楽天がＴＢＳの買収に乗り出し、当時、日本のキー局の運命は予測不可能な状態になったのだ。しかし、テレビ局が買収されることに恐れを感じた人も多く、結局はライブドアも楽天も保有株を売却した。

そして、ニッポン放送の買収劇の裏では、村上ファンドが巨額な売却益を得ているのである。

その村上ファンドが、２００５年に阪神電鉄の株を買い始める。その動きは獲物を狙う肉食動物のようで、事前に「８・99％を買い占めながらも息をひそめていた」（山田雄一郎／山田雄大『トリックスター「村上ファンド」４４４４億円の闇』）という。この時点では、村上ファンドには大量保有報告書を提出する義務はなく、阪神電鉄買収の野望は隠されたままだった。

9月15日、村上ファンドは阪神電鉄の株、転換社債、阪神百貨店の株を一気に大量買いした。阪神百貨店は阪神電鉄の完全子会社になることが決まっていたので、阪神百貨店の株は阪神電鉄の株に変わる。村上ファンドは、あらゆる手段を尽くして阪神電鉄を買収したのである。「阪神電鉄株を取得するための資金は一三六二億円。（中略）阪神電鉄が気づいたときには三分の一強を握り、あっという間に議決権ベースで事実上の過半数を掌握してしまった」（前掲書）

村上ファンドの大量買い占めにより、阪神電鉄の株価は最終的に2倍以上になったが、世間がこの買収劇を知ったのは、大量保有報告書が提出された9月26日のことである。

公共的な企業だと思われた鉄道会社だが、こうして投資ファンドによって敵対的に買収された。鉄道会社といえども、株式会社である以上は買収の対象になり、上場していればなおさらその危険性が高い。このことを誰もが思い知らされた瞬間だった。買収された阪神電鉄では、西川社長が「会社存亡の危機と認識している」とコメントする。まさに青天の霹靂だったのである。

阪神電鉄を買収した「村上ファンド」は、関西人の村上世彰が率いていた。村上は大阪市立の小学校を卒業し、神戸市にある全国有数の難関校、灘中学・高等学校に進学した。こ

村上ファンドの村上氏（左）と阪神電鉄の西川社長（右）
（写真提供：共同通信）

の学校は阪神電鉄の沿線にある。タイガースファンを自認する彼は、阪神電鉄に乗って甲子園球場に行ったこともあるだろう。村上にとって身近な鉄道会社だが、もちろん、それが買収の理由ではない。阪神タイガースや土地に魅力があったのだ。

この買収劇で有名になったことだが、当時の甲子園球場の土地は簿価がわずか８００万円だった。

阪神電鉄の貸借対照表など見ても、甲子園球場の本来の価値は含まれていないのだ。甲子園球場の土地は、「周辺住宅地の時価で換算すると実際は１６４億５０００万円」（「毎日新聞」）という報道があり、財務諸表上はタダ同然の値段で計算されていたのである。

これは阪神電鉄に限った話ではない。株の

ような金融資産の場合は時価で評価する必要があるが、甲子園球場や鉄道の事業用地などは、売買するものではないため、取得した当時の評価額のままになる。そのため、歴史のある鉄道会社は、極端に評価額の安い土地を所有しているわけだ。

阪神電鉄の場合、甲子園球場だけでなく、梅田にも広い土地を持っている。梅田の一等地には阪神百貨店があり、その西には劇団四季の劇場と高級ブランド店などが入るハービスＥＮＴがあり、その西隣には、高級ホテルのザ・リッツ・カールトン大阪が入るハービスＯＳＡＫＡがある。さすがは明治から続く老舗の鉄道会社で、驚くべき土地を持っている。

阪神電鉄には、含み益のある土地や、有効活用できる土地が多い。村上は、阪神電鉄の株価上昇の余地は大きいと目論んだ。

しかし、村上ファンドは失敗を犯す。10月5日、株の大量取得から間もないタイミングで、村上は阪神タイガースの上場を阪神電鉄に提案した。球団を上場させれば、球団は資金調達ができるし、阪神電鉄には巨額な上場益が入る。ファンが株主になれば、球団とファンとの関係も深まるかもしれない。

しかし、上場した球団など例がなく、各球団からも賛同は得られず、何よりタイガースファンが敵に回ってしまった。この頃の阪神タイガースは、２００３年に星野仙一監督の指揮で久々にリーグ優勝に輝き、長い長い低迷時代を抜けて栄光を取り戻していた。さらに、

２００５年には岡田監督がチームをリーグ優勝に導き、阪神タイガース出身の監督による快進撃で沸いていた。

このような時期である。阪神タイガースを立て直さないといけないという機運も低く、球団上場の提案には「阪神タイガースは村上タイガースになるのではないか」という心理的な反発が広がってしまった。タイガースファンは熱心なことで知られており、彼らが敵に回れば上場など難しい。

それでも村上ファンドは弱気を見せなかった。阪神電鉄の株をさらに買い進め、ついに46%の株を保有したのである。

買収劇の始まりから半年以上経った２００６年の5月、緊張はさらに高まった。村上ファンドは、阪神電鉄の取締役の過半数にあたる9名を自ら選任し、株主提案をしたのである。これは、買収が単なる投資目的ではなく、阪神電鉄の経営を支配しようという意図を明らかにしたものだ。

しかし、投資ファンドである村上ファンドは、長期的に阪神電鉄の経営に関わる意図はなかった。この株主提案の直前に阪急電鉄がホワイトナイトとして登場し、事態は収束へと向かう。

ライバルの阪神電鉄・阪急電鉄の経営統合

因果な話だが、阪急電鉄（箕面有馬電気軌道）が開業したとき、「其当時に阪神の配当は一割三分、株式の時価は百十九円、隆々たるものであって、此会社など足元にも追付けなかったのが、両社の合併談が具体的に二三度あった」（『阪急電鉄二十五年史』）と、開業当時の阪急電鉄には、阪神電鉄に吸収される話があったという。

まだ神戸線などができていない頃で、阪急電鉄の小林一三も「この田舎電車に苦労するより阪神電車と合併が出来て、（中略）阪神電車の重役になれるのであるから、不平どころか内々期待していた」（小林一三『逸翁自叙伝』）と、このときは阪神電鉄に吸収されることを前向きに考えていた。それから90年以上が経ち、阪急電鉄が阪神電鉄のホワイトナイトになったのである。

阪神間で激しく競争した阪急と阪神。ときには乗客に記念品を配るなど過剰な競争をしたが、それも昔のことで、沿線が成熟して自家用車がライバルになると、鉄道会社同士の競争は沈静化した。すでに、阪神電鉄も阪急電鉄も山陽鉄道に乗り入れて、両社の列車が同じ線路を走っている。このことに象徴されるように、両社は協調すべき時代になっていたのである。

阪急電鉄の社長である角和夫氏は、村上ファンドと世間の評価を「腹立たしく」見ていたと、あるインタビューで語っている。経営の合理化ができない鉄道会社に対して、村上ファンドが経営改革を迫る。このようなイメージに鉄道業界の経営者たちは反発していた。

このまま阪神を見過ごすのは大義として我慢がならないし、阪神電鉄の合併先は阪急電鉄が相応しい。それでも、ＴＯＢ（株式公開買い付け）には他の役員が全員反対したという。ＴＯＢを実施すれば、巨額な資金が必要になり、村上ファンドを儲けさせることにもなる。実際、『トリックスター「村上ファンド」４４４４億円の闇』の試算によれば、村上ファンドはこの買収劇で約４８０億円の売却益を得るのである。それでも角社長はＴＯＢの実施に踏み切った。

大阪・神戸間に住む人に言わせると、阪急電鉄は品が良く、阪神電鉄はガラが悪く、ＪＲがその中間だと言う。３社が競合する阪神間だが、阪急電鉄が山側の住宅地を走り、阪神電鉄の路線は工場や競艇場のある沿岸部で、ＪＲがその中間である。阪急と阪神の「品」の差は地元では納得感があり、少なくとも両社のイメージの違いを物語っている。

イメージが異なり、それぞれ長い歴史を持つ鉄道会社では、経営統合も簡単なことではない。そのため、阪急電鉄、阪神電鉄を事業会社として残し、ホールディングスの傘下で兄弟会社にした。ここに、日本有数の人気球団と、独特な歌劇団を持つ、他に例のない鉄道グループが誕生したのである。

「強盗慶太」が作った大東急

青天の霹靂だった阪急・阪神の経営統合。これを除くと、最近は鉄道会社の合併、買収のような話は少ない。しかし、長い鉄道の歴史を振り返れば、鉄道会社による合併、買収は数知れなかった。その最たるものが関東の東急電鉄である。

東急電鉄のルーツは武蔵電気鉄道と目黒蒲田電鉄で、現在の東横線と目黒線・多摩川線から始まる。「強盗慶太」の異名を持つ五島慶太は、前者の常務、後者の専務になり、後に両社が合併して東急電鉄の土台になった。

五島は、１９３４年に現在の池上線である池上電鉄を買収し、１９３８年には、現在の田園都市線の地下区間で路面電車を運営していた玉川電鉄を買収する。また、新橋駅〜浅草駅間を持つ東京地下鉄を買収し、渋谷駅〜浅草駅間の直通を実現している。これが現在の地下鉄銀座線だが、営団地下鉄の誕生により取り上げられることになる。

さらに、戦争をはさんだ一時期には、江ノ島電鉄、神中鉄道、相模鉄道、静岡鉄道と、戦国武将のように西に勢力を広げた。その支配地は、遠く静岡にまで至ったのである。一方で、京浜電鉄、小田急電鉄、箱根登山鉄道、京王電軌と、大手の鉄道会社も次々に合併して「大東急」になった。東急は、東京から南西方面にかけて、私鉄の交通網を支配したのだ。

これは、陸上交通事業調整法という法律によって政策的に統合が促進されたことが背景にあるが、東急電鉄が発行した外史では、この法律を五島慶太が「格好の錦の御旗にした」として、彼の拡大欲が成せる技だったと正直に明かしている。

東急の力を思い知らされる「大東急」だが、その歴史は短く、戦後間もなく再び分割されることになった。財閥として解体されたのではなく、過剰になった人員を整理できず、財務問題や労働組合の問題があったために会社分割を余儀なくされたのだ。

東急電鉄の買収は交通関係だけではない。戦後になって百貨店の白木屋を買収し、東急百貨店日本橋店にしてしまった。白木屋も江戸時代から続く老舗だが、１９５６年に東急グループに入ったのである。

東急は、北海道、上信越、伊豆にまで事業を拡大した。北海道では北日本航空の株を取得し、後に日東航空、富士航空と合併、さらには東亜航空とも合併させて東亜国内航空を誕生させた。東急グループには航空会社もあったのだ。

映画業界では、「阪急・阪神・東宝グループ」の東宝に次ぐのが東映だが、東映も東急が作った会社である。東急は戦前から映画館を経営しており、映画製作、配給へと事業を拡大して東映を生み出した。戦後は経営不振に陥り、不渡り寸前になったり、五島慶太が個人保証したり、本体をも揺るがしかねない事態になったが、東急電鉄から大川博が社長に入り、見事に復活を遂げるのである。

こうして、五島慶太の事業拡大によって東急は巨大になったが、五島慶太は1959年に亡くなり、後を継いだ五島昇は、その整理にも追われることになった。

強盗慶太の異名で知られる五島慶太

五島慶太が死の直前まで買収を手掛けた東洋精糖は、その死後、本業とのかかわりが薄いため撤退した。再建を果たした東映も、1964年に東急グループから外れた。軽四輪トラックなどを製造していた東急くろがね工業は、1962年に倒産した。五島慶太の死後、ホテル事業の展開、多摩田園都市の開発、国内外の観光開発などで東急グループは大きく拡大したが、拡大一本槍ではなくなったのである。

東急の各事業の撤退は最近まで続いている。東亜国内航空は何度か社名変更したが、最終的に日本航空と一緒になった。東急百貨店日本橋店も１９９９年に閉店した。東急は鉄道車両事業も行っていたが、２０１２年にＪＲ東日本に売却された。日本経済とともに発展してきた東急も、国内市場が低迷期に入り、「強盗慶太」の時代とはまったく違う舵取りが求められるようになったのである。

あとがき

きっかけは、福知山線脱線事故の事故調査報告書だった。

私は、2010年に『鉄道業界のウラ話』（彩図社）を出版したことで、仮にも「鉄道関連の著書がある身」になった。『鉄道業界のウラ話』は、文字通り、鉄道業界のウラ話をまとめたものに過ぎないが、それでも私は勝手に自覚を持った。

そんな自覚とは裏腹に、日本中に衝撃を与えた福知山線脱線事故については、恥ずかしいことに詳しく把握していなかった。もちろん、人並み以上にマスコミの報道には目を通して、ある程度は事故の内容を把握している。この事故は、直接的な原因は分かりやすく、若い運転士が速度超過でカーブに突入して、曲がりきれずに脱線転覆したものだ。

しかし、毎日毎日、同じ場所を多くの列車が通っているにも関わらず、この列車だけが異常な運転をしたのが不思議だった。どんな運転士で、その彼に何が起きたというのか。

その疑問に答える報道は、当時はなかったと思う。「日勤教育」「利益優先主義」など、JR西日本の問題ばかりが報道されて、事故原因を究明するものは少なかった。

それは無理もないことで、最終的に事故調査報告書が出たのは事故から2年後である。その頃には、世間の関心も薄れており、それは私自身も同様だった。結局、そのまま私は事故調査報告書を読まなかったのである。

それから数年が経ち、『鉄道業界のウラ話』を出版した後、私は初めて事故調査報告書に目を通した。ページ数も多く、かなり読みにくいだろうと覚悟したが、その予想は外れた。そこには、追いつめられた人間の心理が表れており、読み進めるに従い、運転士の様子が頭に浮かび、目が離せなくなってしまったのだ。

それにしても、本当に痛ましい事故である。事故調査報告書だけでなく、被害者や遺族の手記にも目を通したが、想像を絶する悲しみがあった。

もしも、自分の家族が事故で亡くなったとしたら、その事実を受け止められるだろうか。JR西日本への憎しみはどれほどになるだろうか。もしも自分が事故に巻き込まれたとしたら、その苦しみに打ち勝つことができたか、あるいは理由も分からず事故で命を奪われたとしたら――。

一方で、追いつめられた運転士の様子が明らかになると、別の意味で背筋が寒くなった。

「自分が亡くなった運転士だったら、この事故は防げたのだろうか」

この運転士が異常な人物だったら、このような複雑な感情は抱かなかっただろう。しかし、私には彼が普通の青年にしか見えなかった。聖人君子でもない私の中には、彼と同じような弱さもある。ミスを犯した時、一瞬、魔がさすこともある。「黙っていれば誰も分からない」、「正直に白状してしまえば、馬鹿を見るのは自分だ」、そんな悪魔のささやきを聞いたとき、常に良心に忠実でいられるのか。

私を含めた多くの人は、これから列車の運転をすることはないだろう。しかし、鉄道事故でなくても、多くの人を巻き込むような、取り返しのつかない失敗を起こすかもしれない。そう考えると、この事故は別の意味で非常に恐ろしいのである。

このことを、私だけでなく、多くの人に問いかけたい。JR西日本を批判するだけではなく、被害者と加害者の両方の目線で、この事故が語る恐ろしさを考えたい。

そう思ったのが5年前だった。

私の思いは固まったものの、福知山線脱線事故は過去の事故であり、これから新しい書籍を出すのは難しい。それならば、他の鉄道事故も含めた書籍にしようかと考えたが、それも難しかった。鉄道事故の原因究明を第三者が行って、その報告書が広く公開されるようになったのは信楽高原鐵道事故の後からだ。つまり、それ以前に起きた大事故は、歴史に残るようなものでも詳細が分からないのである。

考えては行き詰まり、やはり書籍化は難しいかと思われた。それでも諦めきれず、鉄道事故だけではなく、「事件」も範囲に含めることにして、ようやく活路を見い出した。その「事件」とは、鉄道を狙った前代未聞のテロ事件、地下鉄サリン事件である。

信楽高原鐵道事故も、地下鉄サリン事件も、考えさせられるもので、手に入る資料が多いのが有難かった。それだけに調査には時間がかかったが、何とか出版企画書として形にできた。福知山線脱線事故の事故調査報告書に出会ってから、3年後のことである。

しかし、なんとか範囲を広げたつもりだったが、いずれも時間が経過した事故・事件であり、この企画でも書籍化は実現しない。いよいよ潮時かと諦めかけたが、題材を大幅に増やして、「鉄道の裏面史」にすることに思い至った。下山事件、新幹線にまつわる権力と金、西武王国の裏の歴史、激しい労使紛争と犠牲者たち……。考えてみれば、事故・事件と同様に、忘れてはならない裏面史は多い。

幸いにも、『鉄道業界のウラ話』の出版社である彩図社が、出版企画を採用してくれた。これが、今から2年前のことである。

しかし、そこからが大変だった。歴史を扱う書籍になった以上、読み込まなければならない参考文献は多く、だからといって読みにくいものにはしたくない。結局、時間をかけて原稿を書き上げても、何度も書き直すことになり、脱稿まで約2年もかかってしまった。彩図社にとっても想定外だっただろうが、正直に言えば、私自身にとっても想定外だった。たぶん、身の丈を超えた出版企画だったのだろう。それでも、彩図社は待ってくれて、こうして書籍にしてくれた。本当に頭が下がる思いである。

読者の皆さまは、どのように本書を読んでくれただろうか。読書の時間が無駄でなかったと感じていただければ、何より幸いである。また、内容については誤りがないように最善を尽くしたが、お気づきの点があればご指摘いただきたい。

最後に、貴重な書物を残してくれた先人たちに感謝して、「鉄道の裏面史」の結びとしたい。彼らの苦労の賜物があるからこそ、我々は歴史を学ぶことができる。そのことを、この数年間で痛切に感じた。

２０１５年５月　佐藤　充

【主要参考文献】

小川裕夫『封印された鉄道史』（彩図社）／日本国有鉄道総裁室外務部『鉄道終戦処理史』／原田勝正『日本の国鉄』（岩波書店）／所澤秀樹『国鉄の基礎知識』（創元社）／柴田哲孝『下山事件完全版―最後の証言』（祥伝社）／矢田喜美雄『謀殺　下山事件』（祥伝社）／松本清張『日本の黒い霧』（文藝春秋）／佐藤一『下山事件全研究』（時事通信社）／下山事件研究会編『資料・下山事件』（みすず書房）／鈴木市蔵『下山事件前後』（五月書房）／明礼輝三郎編『スト騒擾事件の顚末』（労務行政研究所）／片島紀男『三鷹事件』（新風舎文庫）／日向康『松川事件』（新風舎文庫）／河原匡喜『連合軍専用列車の時代』（光人社）／『下山総裁の追憶』（下山定則氏記念事業会）／高橋団吉『新幹線をつくった男』（ＰＨＰ文庫）／高橋団吉・島隆『島秀雄の世界旅行　１９３６―１９３７』（技術評論社）／島秀雄『Ｄ51から新幹線まで―技術者のみた国鉄』（日本経済新聞社）／有賀宗吉『鉄路の心　加賀山之雄』（「加賀山之雄伝」刊行会）／『ＮＨＫ歴史への招待〈第27巻〉鉄道の時代』（日本放送出版協会）／前間孝則『亜細亜新幹線』（講談社文庫）／『鉄道・航空機事故全史―シリーズ災害・事故史〈１〉』（日外アソシエーツ）／牧久『不屈の春雷』（ウェッジ）／大野光基『国鉄を売った官僚たち』（善本社）／国鉄国民会議編『国鉄一つの大罪』（啓正社）／『判例タイムズ　６５６号』（判例タイムズ社）／松田昌士『なせばなる民営化　ＪＲ東日本』（生産性出版）／葛西敬之『未完の「国鉄改革」』（東洋経済新報社）／葛西敬之『国鉄改革の真実』（中央公論新社）／『新幹線・特急列車の経済学』（洋泉社）／レズリー・ダウナー『血脈』（徳間書店）／中嶋忠三郎『西武王国』その炎と影』（サンデー社）／堤康次郎『苦闘三十年』（三康文化研究所）／『堤康次郎』（エスピーエイチ）／『堤康次郎と西武グループの形成』（知泉書館）／筑井正義『堤康次郎伝』（東洋書館）／永川幸樹『野望と狂気』（経済界）／『西武争奪』（日本経済新聞社）／七尾和晃『堤義明　闇の帝国』（光文社）／猪瀬直樹『ミカドの肖像』（小学館文庫）／田中角栄『日本列島改造論』（日刊工業新聞社）／大下英治『角栄と二人三脚天下獲り―政商・小佐野賢治伝―』（ぶんか社）／大下英治『政商　昭和闇の支配者　二巻』（だいわ文庫）／早坂茂三『オヤジとわたし』（集英社文庫）／早野透『田中角栄　戦後日本の悲しき自画像』（中公新書）／『ＮＨＫスペシャル　戦後50年その時日本は』（日本放送出版協会）／山田雄一郎／山田雄大『トリックスター「村上ファンド」４４４４億円の謎』（東洋経済新報社）／岡田久雄『阪神電鉄物語』（ＪＴＢ）／『最新　鉄道ビジネス』（洋泉社）／『最新　鉄道ビジ

ネス２０１３』（洋泉社）／望月実『会計を使って経済ニュースの謎を解く』（日本実業出版社）／津金澤聰廣『宝塚戦略』（講談社現代新書）／永川幸樹『知恵は真剣勝負が生む』（ＫＫベストセラーズ）／小林一三『逸翁自叙伝―青春そして阪急を語る』（阪急電鉄）／阪田寛夫『わが小林一三―清く正しく美しく』（河出文庫）／『東急外史　顔に歴史あり』（東急沿線新聞社）／『東京急行電鉄50年史』（東京急行電鉄株式会社）／城山三郎『ビッグボーイの生涯』（講談社文庫）／大下英治『小説東急王国』（講談社文庫）／猪瀬直樹『土地の神話―東急王国の誕生―』（小学館ライブラリー）／中村建治『メトロ誕生』（交通新聞社）／山之内秀一郎『なぜ起こる鉄道事故』（朝日文庫）／網谷りょういち『信楽高原鐵道事故』（日本経済評論社）／鈴木哲法『検証　信楽列車事故』（京都新聞出版センター）／信楽列車事故遺族会・弁護団『信楽列車事故』（現代人文社）／『判例時報　１６８８号』（判例時報社）／『判例時報　１７１７号』（判例時報社）／航空・鉄道事故調査委員会『鉄道事故調査報告書　西日本旅客鉄道株式会社福知山線塚口駅～尼崎駅間列車脱線事故』／ＪＲ福知山線脱線事故被害者有志『ＪＲ福知山線脱線事故―２００５年4月25日の記憶』（神戸新聞総合出版センター）／石井房江『最後の絵手紙―福知山線脱線事故で夫を失った妻の手記』（幻冬舎）／山下亮輔『18歳の生存者―ＪＲ福知山線事故、被害者大学生の１０００日』（双葉社）／山口栄一・宮崎千通子『ＪＲ福知山線脱線事故の本質―企業の社会的責任を科学から捉える』（ＮＴＴ出版）／鈴木もも子『ありがとう　わが娘・順子、ＪＲ福知山線事故からのテイク・オフ』（ＰＨＰ研究所）／吉田恭一『福知山線５４１８Ｍ　一両目の真実』（エクスナレッジ）／川島令三『なぜ福知山線脱線事故は起こったのか』（草思社）／運輸安全委員会『鉄道事故調査報告書　北海道旅客鉄道株式会社　石勝線清風山信号場構内　列車脱線事故』／舟越健之輔『箱族の街』（新潮社）／梅原淳『鉄道歴史読本』（朝日文庫）／帝都高速度交通営団『営団地下鉄五十年史』／石倉俊治『オウムの生物化学兵器』（読売新聞社）／井上尚英『生物兵器と化学兵器』（中公新書）／地下鉄サリン事件被害者の会『それでも生きていく』（サンマーク出版）／高橋シズヱ『ここにいること』（岩波書店）／村上春樹『アンダーグラウンド』（講談社文庫）／江川紹子『魂の虜囚』（中央公論新社）／降幡賢一『オウム法廷②　グルvs信徒』（朝日文庫）／降幡賢一『オウム法廷③　治療省大臣林郁夫』（朝日文庫）／『判例タイムズ　１０９１号』（判例タイムズ社）／福山隆『「地下鉄サリン」事件戦記』（光人社）
※新聞・雑誌などは省略

〈著者プロフィール〉
佐藤　充（さとう・みつる）
鉄道ライター。『最新鉄道ビジネス』（洋泉社）、『鉄道マンの世界』（洋泉社）、「別冊宝島」などを中心に執筆している。元大手鉄道会社社員で、『社名は絶対明かせない　鉄道業界のウラ話』（小社刊）の著書がある。
著者ホームページ　http://railman.seesaa.net

誰も語りたがらない 鉄道の裏面史

平成27年6月12日　第1刷
平成27年6月22日　第2刷

著　者　佐藤　充

発行人　山田有司

発行所　株式会社　彩図社

〒170-0005　東京都豊島区南大塚3-24-4 MTビル
TEL:03-5985-8213
FAX:03-5985-8224

印刷所　新灯印刷株式会社

URL：http://www.saiz.co.jp
ツイッター：https://twitter.com/saiz_sha

 ISBN978-4-8013-0074-3 C0165